你走了以後，我想繼續好好活

擁抱逝者，回歸自我人生的六次聚會

여섯 밤의 애도

高璿圭 著　楊筑鈞 譯

重生推薦

本書的出版實屬難能可貴，自殺者遺族的身心創痛隨著事故那一刻而封印，無人能及也無可碰觸，社會資源匱乏，而本書能提供遺族開展復原之路的一線契機。遺族的悲傷往往是說不出口的，對於複雜的情緒感到漫長且無法消化，最終只能冷漠、沉默以對，成為心中難以承受之重，也可能造成慢性壓力，陷入危機。

透過本書邁向自己的復原之路，在需要時適時求助。讓遺族有機會在別人的故事中，看見自己原本說不出口的心結及可能出現的身心壓力反應，不再獨自承受傷痛。也讓關注遺族的人了解陪伴的方法，並尊重每個人自己獨特的悲傷歷程，更盼望主管機關能注意並重視自殺遺族照顧以及社會資源提供。

——林佳慧／諮商心理師

成為「自殺者遺族」本身就是一種創傷，症狀之一是「無法掌控、無可避免的情緒重現」。療癒方式是經驗情緒流通，並且學會去愛、去和所愛的人產生連結，包含自己、家人和逝者。面對親人自殺，您無法不悲傷，但絕對可以幫助自己不那麼痛苦。

本書裡有個別諮商看不到的視野，以及相當重要的提醒，提供治療者去思考：如何給自殺者遺族更有專業療效的陪伴。也推薦給「身邊有自殺者遺族的人」和「企業裡有自殺者遺族員工的人資」，理解是我們能給他們最好的幫忙和撫慰。

——周純媛／諮商心理師

當摯愛的人以我們沒預期到的方式離開，我們常因此踏上各自不同的旅程，像是走進了一條從沒想過的岔路。我們的悲傷，不會只是此時此刻的失落，那會夾帶著過去曾被忽略的個人歷史。我們得要勇敢走進去，才有真正走出來的時候。

有時放不下對方，是一種思念的方式，但這可能成了自我折磨，讓我們無法充滿活力地生活。需要找人陪伴才能好好哀悼，這不是軟弱，是一種常態，願您為自己勇敢求助。這本好書也可以成為陪伴，在夜深難眠的時候，在哭泣不止的時候，為您深深地祝福！

——洪仲清／臨床心理師

目錄
Contents

第3個哀悼之夜

——練習輕鬆地說出他的名字

目錄 *Contents*

第6個哀悼之夜
——讓我的人生與逝者連結在一起

前言　繼續書寫我們的故事

即便不刻意去尋找，仍幾乎每天都可以看到或聽到包含「極端選擇」、「發現已經死亡」等內容的報導，並且時常看到新聞或文章結尾寫著「如果有憂鬱等難以說出口的煩惱或周遭有面臨這類問題的親友，可撥打自殺諮商專線：1925（二十四小時）、生命線：1995、張老師專線：1980[1]」等標語。一些報導下方的留言也常出現願死者安息，或推測逝者如何死亡等對人物、事件的憤怒或埋怨，外加抱怨自己也很累。當然，與報導無關的政治性留言也不時出現。

各機關、學校開始實施教導大家尊重生命、熱愛生命的自殺預防教育，大多是用韓國在OECD國家中的自殺率排名、每十萬人的自殺率以及每天自殺人數統計數據，作為開場白。我在中央心理解剖中心工作時遇到四位自殺預防政策負責人，他們都是保健福利部的科長級公務員，他們也引用了這些數據。有一位科長將韓國自殺死亡人數與美國參戰的死亡率進行比較，另一位科長則列舉了與一年自殺死亡率相似人口數的小城市，並說：「每年地圖上都會消失一個城市。」另一位科長則說：「在聽課的這個瞬間，也有人正在自殺。」他們的目的都是想透過強烈的比較，來表達現今韓國的自殺率已經高到非常嚴重的地步。每年發表自殺率統計數字時，都會出現各式報導和評論，結論千篇一律——「有必要採取特別措施」，但韓國的自殺率絲毫未曾下降，而且這個數據早已成為反映韓國社會現實的固定統計值。用數字描述死亡，實在令人麻木，因為那些逝者沒能說出自身從活著到死亡所經歷的一切痛苦，人們當然也對此無感。

在屍體解剖學教室的門口寫著一串拉丁語「hic locus est ubi mors gaudet succurrere vitae」，意為「死亡拯救生命的地方」，也就是活著的人向死者尋求幫助的地方。我進行心理解剖（Psychological autopsy）面談時，聽到了自殺者留下來的提問，我認為那個問題是自殺死亡的人為了阻止另一個自殺悲劇，為了延續活著的人的生活，而拋出了讓我們去尋找答案的問題。

1 編按：原書內文中為韓國自殺諮商專線電話，繁體中文版改為臺灣諮商專線。

能夠傳達逝者故事的人是自殺者遺族，當他們能夠完整哀悼逝者之後，就能一起找到答案。我們並沒有被告知和理解到，一名自殺死亡者背後可能有無數個遺族，但我們知道要預防自殺，就要從觀察逝者走後所留下的空位開始。

很久以前，我曾見過一位透過簡短的網路報導，發現丈夫已經自殺死亡的妻子。那是一篇簡短的報導，內容只寫了丈夫屍體被發現的地區、死亡方式、年齡、性別及發現死者的人。她聽聞丈夫過世的消息後，在急急忙忙趕往現場時，仍不停搜尋著相關報導，為的就是孩子們。她不敢相信平凡的丈夫因為自殺，居然像名人一樣被報導。當然，當時也有出現一些規勸記者採訪自殺相關報導時應注意的準則，然而沒有人遵守，因此許多自殺事件發生時，時常將逝者如何自殺的具體細節報導出來。

現在我們所聽聞的極端選擇，比以前更加戲劇化了，例如涉嫌貪汙或犯罪的自殺，或自殺者所處的現實令人義憤填膺，公眾人物或藝人的死亡也常被鉅細靡遺地報導。然而無論是過去或現在，實際上我們所經歷的大部分自殺死亡事件，都發生在極度平凡的日常中。

自殺者遺族常會主動去申請心理解剖、哀悼諮商或參加自助聚會，他們想要知道逝者為何選擇死亡，也想嘗試去理解逝者為何做這個決定。我遇到的遺族都是在過著與昨天沒什麼不同的某一天時，突然收到親友自殺的消息，失去了那個人。那可能發生在把一鍋湯放到爐子上時，或正計畫去家族旅行的某個週末，或是上班途中。許多遺族從未想過會在人生中經歷某人的自殺，大多數人都以為別人經歷的自殺事件，都是在情有可原的特殊情況下發生，就像新聞報導的那種戲劇化的極端選擇，可能患有嚴重的精神疾病或經歷巨大心理創傷，抑或是身處於無法擺脫的經濟困境，不然就是自殺者身邊有將他推向死亡的某個壞人，正因如此，當他們認為逝者選擇死亡的原因裡，沒有自己可以理解的「充分理由」，就會十分痛苦。

在我為自殺者遺族進行哀悼諮商的同時，也在二〇一九年七月開始了「二十到三十歲女性自殺者遺族金盞花自助聚會」。金盞花的花語是「一定會迎來的幸福」，也是動畫《可可夜總會》中撒在連接今生和陰間那座橋上的花。自助聚會（self help group, mutual group）是由那些不需要心理諮商專家幫助，或在專家幫助下已經克服問題的人負責帶領，讓參加者分享自己的經驗，使他們能相互支持、鼓勵的聚會。

在進行個人的哀悼諮商時，自殺者遺族也會對其他遺族的故事感到好奇，「其他人的感受如何？是怎麼度過的？」有時比起專家的諮商，若先聽到經歷哀悼過程的人恢復希望的故事後，反而更容易獲得勇氣。我一直很想創造一個能讓遺族面對面分享難以說出口的故事、得以相互安慰的空間。我研究了最符合我國現實狀況的自助聚會模式，目前參加身心健康中心自助聚會的平均年齡層落在中、高齡，青年族群的遺族卻無處可去，因此我決定將聚會年齡限制為青年族群，無論與逝者的關係為何，即使不是親屬，只要是因失去對方而感到痛苦，都可以參加。就這樣，我在某個校園角落的破舊房間悄悄開始的聚會，至今已不知不覺過了兩年。

金盞花自助聚會會準備各種顏色的手鍊，來判別「我是因誰自殺而失去他的」，黃色是父母、橘色是兄弟姐妹、紅色是配偶或伴侶、白色是子女，紫色是朋友。參加聚會的人把手鍊戴在手腕上，在尷尬、緊張的氣氛下，眾人懷抱著無法言喻的複雜心情，但在發現戴著相同顏色手鍊的人時，也會忍不住交換微妙的眼神，像是在說：「啊！你戴了橘色，是失去了兄弟姐妹吧，我也是。」

我們固定在每月第三個週三晚上七點聚會，有的人走進來就開始哭；有人滿臉尷尬、只是靜靜坐著聽他人分享；有人參加這一個月一次的聚會，整整來了一年；也有人只來過一次就再也沒出現。

聚會裡不時會聽到遺族說：「我是想活下來才來的」、「第一次在這裡說出來」、「我只能在這裡說」、「第一次聽到這樣的話」、「謝謝」，聚會結束後，桌上總是堆滿衛生紙，即使說放著也沒關係，也有些人會堅持要拿去丟掉。

每次當參與者全部離開，我在整理座位時都會再次堅定決心，要讓更多遺族來參與。每個月抽出時間參加聚會需要很大的勇氣，申請後又取消，再申請後又再取消的人不計其數，很多人會抱歉地說：「對不起，我下次會去的。」也有人擔心若參加聚會後會感到失望或更加受傷。這些擔憂我都能理解，因此我想把在這個空間裡，遺族一起進行的談話記錄下來，讓更多人了解。雖然有時疼痛，有時悲傷，但有時也會得到安慰，我想讓無法來參加哀悼諮商或聚會的人能藉由閱讀這本書，回顧和思考自己哀悼的過程，與這些公開自己故事的遺族，一同展開一場「心理自助聚會」。

在五位參加者聚在一起之前

我透過社群軟體徵求了「親友自殺的二、三十歲女性自殺者遺族」，並說明聚會的宗旨。申請者與逝者告別的時間從一個月到二十年不等，扣掉難以確認死者是否是自殺，我總共與七個人進行了個別面談。除了確認申請者是否有憂鬱、睡眠與酗酒問題等，也對他們介紹了自助聚會，並了解申請者對這個聚會的期待。申請者的背景非常多元，有求助於精神科或曾短暫諮商過的人，也有參加過其他自助聚會的人；有同時具有以上兩種經驗的，當然也有第一次參加的人。

進行個別面談時，我詳細詢問了事發當天與前後幾天發生的事，也會談到申請者在哀悼過程中努力做過，以及努力後還是很難做到的事。個別面談完後，有兩位在聚會開始前表明沒有意願參加，其中一位是離別時間最久的A小姐，另一位則是離別時間最短的B小姐。

A小姐說，她在二十多年前未能充分哀悼兄弟的死，最近由於其他的喪失經驗而重現，精神上非常痛苦。面談過後，她更鮮明地想起過去遺忘的記憶，讓她非常疲憊。比起自助聚會，她認為目前自己更需要一個人的時間；B小姐失去伴侶約一個月左右，她認為自己還沒有達到能與他人分享痛苦的程度。雖然面談結束後，我建議她重新考慮，但她仍表明自己無法參加。最後，我們的聚會就由五位女性遺族組成。

在此先簡單介紹一下五位參與者，以下是根據正式聚會前的個人面談內容整理，參加者都是化名，並省略了自殺死亡的相關細節，及事件前後幾天參與者所經歷的事。

帶領人／小媛

負責帶領這個聚會的小媛在二〇一八年十月十九日失去了她的弟弟，並在弟弟死去一個月後的二〇一八年十一月開始進行哀悼諮商。

小媛說，一開始的每一天都很可怕，心情飄忽不定，弟弟患有躁鬱症，她也開始害怕自己是不是得了躁鬱症。小媛在接受哀悼諮商時，還去找了巫師，巫師告訴她，她和弟弟差不多，並要她「這三年要努力別去死」。那個時期的小媛如果不做點什麼，幾乎就要撐不下去了，因此小媛每天清晨都會和父母一起參加彌撒，與其說是信仰，不如說是覺得如果沒有一件每天都要做的事，那麼媽媽也可能會死，所以才去參加。

第一次諮商時，小媛說：「我想先確認，身為家人的我們到底在哪裡做錯了，然後再建立一個能夠一起為弟弟哀悼的家族共同體。」她不斷思考弟弟的死，在哀悼諮商前還有之後好一段時間，小媛每天反覆閱讀弟弟的日記，想從中找出一個能解釋弟弟選擇死亡的原因。她想著，如果讓自己改變，也許對死去的弟弟就能有不同的解釋吧。

小媛也會寫哀悼日記，一直寫到哀悼諮商結束的二〇二〇年六月。她雖然埋怨父母，又認為自己該好好照顧他們，以免他們也死去。弟弟死後，家裡彷彿變成一個令人窒息的洞穴。但三年後的今天，父母和小媛也有所改變，他們開始敢提起弟弟的名字，也終於可以說出自己對弟弟的記憶。

小媛從二〇一九年七月開始參加「金盞花自助聚會」，二〇二〇年三月成為帶領人。她是同齡遺族的好嚮導，有時還會發現我沒察覺到的出席者心情，並坦率表達自己對其他遺族的分享引發的思考，幫助我更深入了解遺族的心情。

小敏

小敏在二〇一九年三月五日失去了她的哥哥。

其實小敏和哥哥無論在物理上還是心理上，都不是那麼親密的兄妹，住在公司宿舍的哥哥，只會偶爾打電話問候媽媽，不會和妹妹小敏聊太多。小敏對哥哥也差不多，畢竟他們成年後離家獨立，都有各自的生活，她不想也不覺得需要去了解哥哥，只有在節日或家庭聚會時偶爾見面、開開玩笑，就是很常見的兄妹關係。

「我一直以為哥哥過得很好。」接到哥哥死訊時，小敏和媽媽正走在聖地牙哥的朝聖之路上。這是小敏為媽媽準備了很久的孝親之旅，卻在朝聖之路上一個安靜的村莊旅店裡，聽見哥哥的死訊，她慌張地帶媽媽回韓國，一下飛機就直奔哥哥的葬禮會場，而葬禮早就已經過了一天。

哥哥去世後，小敏努力去理解哥哥的死。她雖然知道哥哥選擇自殺的理由，卻發現自己對哥哥的生活並不了解。聽說哥哥從去世前三個月起，每次打給媽媽都會哀嘆「工作很累」，而且就小敏所知，哥哥並沒有憂鬱症病史，也從未試圖自殺，因此，小敏將哥哥的自殺定義為工作壓力過大導致的「過勞自殺」。但如果哥哥的死真是過勞造成，那她應該申請職災補助，追究公司的責任才對，但小敏無法開口告訴父母，就算真要這麼做，也只能自己去做，身邊的人都勸阻小敏，警告她會很艱辛，也很難得到理想的結果。

小敏看到了一則新聞後，拜訪了「韓國過勞死、過勞自殺者遺族聚會」，得到很多有關職災申請的實用資訊，最後卻沒實行，因為她沒有信心代替父母承受這一切。她和哥哥沒特別親近，為何哥哥的自殺如此動搖自己的心，這讓小敏更加驚慌失措。她去做了心理解剖，並在個人部落格上寫哀悼日記，還參加了當地身心健康中心的自助聚會，閱讀有關哀悼的書。小敏是個面對問題不會逃避、會正面解決的人，任何事都希望找到一個固定公式，連哀悼也一樣。她申請自助聚會的原因只是為了確認自己的哀悼過程是否正常，也想體驗看看沒做過的事，更重要的是，她想確認自己是不是一個堅強、有朝氣，且能迅速恢復的人。

小瑄

小瑄在二〇一五年九月十八日失去了妹妹。

妹妹過世時，小瑄沒有和妹妹住在一起，對小瑄而言，妹妹是一個因為入學考試壓力很大、心情容易波動的重考生。小瑄偶爾會和妹妹見面，請她吃點好料，鼓勵妹妹加油。聽到妹妹過世時，小瑄正在登山的下山路途，和朋友嘰嘰喳喳地討論待會要吃什麼，忽然接到家裡打來的電話。送走妹妹那一年發生的事，她已經想不太起來了，因為妹妹的死太過突然，讓她沒什麼真實感。

小瑄認為妹妹會自殺是因為憂鬱症，她後來在妹妹的社群帳號上，看到妹妹寫下自己的痛苦以及暗示自殘的文字。當小瑄得知妹妹其實獨自痛苦了很長一段時間後，她非常自責。為了了解導致妹妹離開的憂鬱症，她找了許多憂鬱症的書籍和資料反覆閱讀。小瑄很好奇家人自殺的其他遺族是怎麼度過的，她查閱了相關資料，也讀了首爾市自殺預防中心自助聚會「白樺樹」的手冊，還買了一本送給父母。小瑄雖然擔心父母的狀態，但她沒有勇氣開口詢問父母的心境，她只能獨自閱讀各種書籍和資料，記下自己的哀悼過程。

失去妹妹四年後，她參加過幾次「白樺樹」自助聚會，但那裡的整體年齡層偏高，她開始好奇是否有與自己年紀相仿的遺族。懷著希望遇見年輕人的心，她參加了二〇一八年夏天在高麗大學舉行的自助聚會。當時也有研究所學生一起旁聽，這讓她覺得自己似乎成了研究對象，產生了排斥感。她在回饋意見中寫道：「似乎沒有能夠更輕鬆參與的自助聚會。」這句話讓我產生另組一個聚會的想法，考量到名稱用「自殺者遺族自助聚會」有點嚴肅，因此取名為「哀悼聚會」。小瑄當時來了大概三次，當時的形式是先寫下文章再一起見面分享，但小瑄發現聆聽他人痛苦時，心裡也會感受到難以預料的震盪，而且自己也很難確定到底該在聚會時說些什麼。

她還接受了約六次個人心理諮商，小瑄認為，雖然自己是聚會參與者中與逝者告別最久的人，內心仍存有許多關於妹妹的未解問題。小瑄現在從事的也是身心健康相關的工作，儘管有很多機會閱讀相關書籍，卻很難坦率說出自己的感受。

小瑛

小瑛在二〇一九年九月二十四日失去了父親。

小瑛很小的時候，媽媽就被診斷出躁鬱症，經常進出精神病房，家裡氣氛也隨媽媽的心情起伏不定。媽媽心情好時大家都開心，媽媽心情不好時，大家就得一起不開心。小瑛的個性不擅長表達情感，據說有家族病史的人更容易得躁鬱症，所以小瑛很擔心稍有不慎，自己也會像媽媽一樣生病，因此她總是讓感情波動維持在平均以下。

爸爸一輩子都在照顧媽媽，帶著她住院、出院。但爸爸也不是十足溫柔體貼的照顧者，他們會互相叫罵、吵架，有時也會要好得像什麼事都沒發生過。小瑛父親在過世的四年前得了腦中風，變得行動不便，從事體力勞動的父親因而辭職。一開始父親為了能夠康復，非常積極復健，也和鄰居相處得很好。但從死前幾個月開始，他時常一個人待在黑暗的房間裡。

小瑛父親看到別人都能輕鬆地到處跑，自己卻連走一圈都如此艱辛，後來清晨出去運動都會很快就回來了，有時候還會打給小瑛，要小瑛帶他出去，小瑛很討厭他這樣。父親還常說自己身體不舒服，去醫院卻又檢查不出任何異常，這種時候，小瑛就會對父親說：「這樣不就是沒事嗎？」小瑛說，她曾因為父親這種毫無理由就一直說不舒服的狀態感到非常煩躁。

父親去世那天，母親正在住院，小瑛看到父親清晨出去運動後才去上班，那就是她見到父親的最後模樣。那天她下班回家，發現總是在家的父親不在，最後爸爸在村子的後山被發現。她張羅好父親的葬禮後，讓母親出院了，但小瑛並沒有告訴母親，父親是自殺的。她完全不想讓母親知道，卻不小心被幾個與母親親近的親戚知道了。其實包括小瑛的朋友在內，大家都以為小瑛的父親是病逝的，因為年紀大、身體也不好，所以沒有人多問什麼。

父親去世後，小瑛認為工作對她會有幫助，因為只有這時她才能什麼都不思考地專心工作，讓她很開心。小瑛只想記住父親的好，她在社區身心健康中心的建議下，得到遺族治療費的補助，接受了十次個人哀悼諮商。她很高興能藉此說出無法與任何人分享的話題，也有一種慢慢把對父親的情感整理好的感覺。後來由於不再補助費用，她也放棄了諮商，又在諮商人員勸說下，來參加了三、四次金盞花自助聚會。

母親原本好轉了一段時間，後來情況又變糟，整晚都不知道在做什麼，有時甚至會大半夜跑出去，還接到陌生人打電話來通知她，搞得小瑛也睡不好。其實葬禮結束後母親就應該繼續回去住院，但不忍心讓不想回醫院的母親回去，只好先和母親一起生活。她說服母親重新回醫院時心想，原來父親一輩子都在做這些事，而現在變成自己要一輩子做這些事了，突然非常鬱悶，壓力籠罩了全身。

小瑛從來沒有和任何親近的人分享過她疲憊的心，她不喜歡在說這些時沉重的氣氛。父親去世後，小瑛的人際關係更加疏離，也不太想加入朋友在聊天群組的日常對話。最近，小瑛總是想起父親過世前，自己對父親的種種行為。她認為自己常發脾氣、和弟弟吵架，也許對父親來說也是一種壓力。她也不太喜歡聽到母親沒來由地咒罵父親，因為她發現母親罵父親的模樣，和自己好像。

小瑛想，如果這裡能遇到有同樣經歷、年齡又相仿的人，那麼說出自己的心聲就應該沒關係了吧？於是決定申請參加這個聚會。第一次參加聚會時，小瑛的聲音很小，連坐在旁邊的人都幾乎聽不見，她總是傾聽，即使回答也只是簡短回應，但她仍然持續參與。小瑛常說：「我只有在這裡才有辦法說出來。」

小晶

小晶在二〇一九年六月三十日失去了姐姐。

在小晶姐妹還小時，父母就離婚了，姐妹和媽媽一起生活。從那時開始，就再也沒見過爸爸。回想小時候，媽媽幾乎是用情緒勒索的方式在養育她們，只要媽媽一生氣，她們就只能按照媽媽的要求去做，隨時必須滿足媽媽的要求。小晶的姐姐是善良的長女，姐姐雖然也覺得媽媽讓她很疲憊痛苦，但姐姐無論在經濟或心理上總是照顧著媽媽，也認為自己必須這麼做。小晶有時會和姐姐一起談論媽媽，她認為就是因為姐姐，媽媽才會一直這樣，還責怪姐姐不和媽媽保持距離。

小晶認為，結婚是姐姐逃離這個家的手段，因此她覺得不只姐夫，媽媽也是導致姐姐自殺的加害者之一。那天是他們夫妻吵架和好後，姐姐才回自己家住沒幾天，她接到姐夫的電話，最後在他們的新婚房看到姐姐的遺體被安置好的樣子。參加自助聚會的人之中，只有小晶在死亡現場親眼見到逝者的模樣，她代替驚慌失措的母親張羅了姐姐的葬禮。負責處理姐姐遺產問題時，小晶還與數十年沒有往來的爸爸聯繫，因為不想讓媽媽去做這件事。曾是佛教徒的小晶一家送走了姐姐，在七七四十九天的齋戒期間，姐姐的朋友也與她們一起祈禱，現在小晶偶爾也會和姐姐的朋友見面，聊聊姐姐的事。

小晶還把姐姐生前非常疼愛的小狗帶回來照顧。小晶和小瑛一樣，都是自殺者遺族治療費的補助對象。她知道現在她必須代替姐姐對媽媽負責，心裡卻不想那樣做，加上認為是媽媽將姐姐推向死亡，讓她也想離開媽媽，但媽媽常說自己快要死了，讓她心中的埋怨與責任交織在一起，心情十分混亂，一切都讓她非常疲憊。

小晶想讓自己休息一下，恢復心情。她參加自助聚會整整一年，就算在沉重的氣氛下，也時常讓人露出笑容，並且從不吝惜給予其他人溫暖的安慰。小晶希望她能在復職前好好談談關於姐姐以及自殺告別的事，她懷抱著希望能以自己的故事接觸到更多人的心情，參加了這次的聚會。

第 1 個哀悼之夜

我們都是第一次

我們爲什麼聚在一起？

遺族會想與有同樣經歷的人見面有很多原因，很難找到一個適合的解釋，來說明這種想向某人敞開心扉的心情，他們只是希望有人能發現自己這種捉摸不定的狀態，並且相信只有同樣經歷的人最能理解自己的心情，帶著這樣的期待去參加聚會。

也有人是想確認不是只有自己才會產生混亂而陌生的情感漩渦，想知道其他人是如何走過這種心境，以及如果這種哀嘆與悲傷有終點，會是什麼模樣？更重要的是，如果能找到克服這種情緒的捷徑，就不用再坐困愁城，可以盡快殺出一條血路，這也是與逝者告別時間較短的人會敲開自助聚會之門的原因。

與逝者別離很久的遺族參加聚會的理由則有所不同，他們通常在逝者去世後的五年、十年間，一直把有關對方和對方死亡的事封閉在內心的牢籠，卻在某個意想不到的瞬間被觸動而感到痛苦，才會來參加聚會。所謂「意想不到的瞬間」大多是人生中「另一種失落經歷」，例如身體變差、失業、分手，或即使不是自殺卻再度面臨死別等。當對自己、對日常的喪失反應過度、感到困惑時，就會想起過去被關在內心牢籠的時刻。但即使想要重新記住，對逝者以及當天的記憶卻早已模糊，連開口向其他人訴說也覺得尷尬，才會找上自助聚會。有時他們只是想透過聚會，重新確認自己是「自殺者遺族」這件事，並希望減輕對逝者的罪惡感。

當然，也有些人並不好奇擁有同樣經歷的遺族故事，或根本就不想見到其他人，他們心中早已充滿自身的痛苦，連傾聽他人痛苦的微小空間都沒有。那些遺族會擔心自己好不容易努力說出「我沒事」，想重新振作，會不會因為他人的故事又瞬間崩塌，通常這類人所面對的逝者自殺情況比較令遺族難以理解，例如是犯罪後自殺，或殺害家人後自殺等。當坐在聚會的位子上，就會深刻體認到那個人真的自殺了，而自己也成為自殺者遺族，才會害怕參加聚會。

這些人不願意參加自助聚會並沒有任何錯，依照告別和哀悼的過程不同，或是對方和留下來的人所處的生活脈絡，會分成想參加聚會和不想參加這兩種情況，同樣地，也有分為能在聚會得到幫助，以及得不到特別幫助的情況。

聚會參與者是認為這對自己的哀悼過程有幫助，才聚在一起。小敏想要完成在哀悼過程中，自己所知、所能做的一切；小瑄是因為對逐漸從記憶中消失的妹妹感到罪惡感；小瑛是因為在生活中完全沒有能提起爸爸的死的地方；小晶則懷抱著將遺族的故事傳達給更多人的心願，才來參加這個聚會。

雖然五個人都經歷各自原有的哀悼過程，然而每個人都有在哀悼過程中必須走到的地方，也有需要獨自處理的課題，那都是無法推延且必須完成的，但每個人抵達的方法和速度都不一樣，可以用走的，也可以騎腳踏車或搭車。有些遺族可能被困在某一個地方久久無法離開，有些遺族可能會發現自己穿過幾個地方後，又後退回到起點，站在他們認為已經處理過的某個階段。

現在，我們在這個自助聚會上相遇，並肩前行，面對獨自一人就會感到疲憊和孤獨的旅程，大家都希望成為彼此的夥伴。

第一次見面總是令人緊張，但其實結束第一次聚會後，才發現最緊張的人是我。有一次我進行心理解剖時，有一位遺族比預約時間晚很久後才出現，她對我說：「其實我準時到了，但不知道為什麼，就是很難邁出步伐走進來，所以一直在附近繞，才這麼晚來。」時隔十年，第一次決定向陌生人訴說關於那個人的故事，卻無法確定這個決定是否正確，擔心會扒開當初掩蓋住的痛苦，使她的腳步變得沉重。

我在與遺族初次見面時，時常提出這個問題：「你來的時候在想什麼呢？感覺如何？」也許沒有任何人會懷著喜悅或興奮的心情來參加吧，這是一個需要自我介紹「我在幾月幾日因某人自殺而失去了對方」的聚會，也是一個需要努力去回想那個人的聚會，經歷過身邊的人突然消失的遺族很容易失去信任，無論是對世界、對其他人，或是對自己。儘管如此，我還是想竭盡所能地歡迎那些鼓起勇氣再次走出那個世界、回到人間的遺族，我迫切地希望他們不要走回原點，能微笑著打開這個空間的門，最後大家能一起離開這裡。

現在大家都到齊了，聚會現在開始。

自我介紹：我是自殺者遺族

從帶領人小媛開始。

「二〇一八年十月十九日，我弟弟從家裡跳樓，自殺身亡了。當時我住在學校附近，弟弟的死發生在差不多我搬離家裡約兩週後，因此我的衝擊非常強烈。」

參與者除了知道這個空間的人都和自己一樣曾經歷某人自殺之外，對彼此一無所知，她們會在第一次見面時自我介紹「我在什麼時候失去了誰」。負責帶領的小媛從開口到結束之間，其他參與者的反應略有不同。

「這麼快？」

「現在就要說了？」

有些人很慌張，因為沒有在陌生人面前說過這些，顯得有點尷尬和不自在，對坐在「那個人如果沒死，我也就不會來這」的人中間的自己，感到生氣又苦澀。大部分自助聚會參與者都是因為在自己的經驗中無法切身感受到對方的離去，據說有的遺族無法相信現實，每天要反覆對自己說好幾次「那個人已經死了」。若還認為對方仍活在某處，不能接受對方已經離去，那麼當他在其他人面前說出這句話的瞬間，就會讓這件事成為必須認定的現實。

在小媛自我介紹後，小瑛、小敏和小晶分享了與自己告別的逝者離去的日子，小瑄則說了妹妹離開的年度和季節。簡短的自我介紹結束後，大家輪流朗讀《自殺者遺族權利章典（Suicide Survivors' Bill of rights）》，這是由美國遺族活動人士製作，章典逐一指出遺族在哀悼過程中常體會到的經驗，並明確在章典中指出：「會有這種想法和感覺是遺族理所當然的權利。」此權利章典以遺族體會到的罪惡感開始，到「有權利重新開始」，說明遺族有權擺脫並結束這一切，儘管這在章典中被稱為「權利」，實際上似乎是遺族在哀悼過程中必須經歷的任務。

很多人認為庫伯勒．羅斯（Kler-Ross）的「悲傷五階段ＤＡＢＤＡ：否認（Denial）、憤怒（Anger）、懇求（Bargaining）、沮喪（Depression）與接受（Acceptance），是理解所有遺族哀悼的基本框架。就像「嗯，那個人還在否認，看來她還有很長的路要走」、「現在那個人被憤怒的情緒包圍了，但很快就會經歷到妥協的階段」一樣。然而，與其說哀悼是按照規定的順序進行，不如說是中間有必須經歷和解決任務的過程，而且以這個任務為中心，遺族經歷的哀悼過程都是既定的。

聚集在這裡的五個人，都已經歷了離別後情緒混亂的漩渦，現在開始我們要談談自己所經歷過的，以及今後將會經歷的哀悼過程。

那個人離開的那一天

既然已經在自我介紹中說自己是自殺者遺族，接下來就該談談成為遺族的那天。心理解剖和哀悼諮商都是從那一天開始，心理解剖是指透過身邊人的陳述和記錄，重新建構出逝者死亡前某個特定時期心理的行為形態、變化與狀態，依此推測具有高可能性的自殺原因的系統性調查方法。

心理解剖的第一個問題即是「能不能告訴我當天的情況？」該提問包含逝者被發現當下的情況，或遺族所聽到的當時狀況，如什麼時候發現的？誰發現的？身亡的地方在哪裡？是以什麼方法自殺？死亡當時有喝酒嗎？這些都是心理解剖的提問。心理解剖的焦點不在於參與面談的遺族，而是獲得逝者在離開前所有相關資訊，將眾多自殺者的資訊收集之後，以此作為制定自殺預防政策之依據。因此，為了讓遺族能夠盡量詳細描述逝者自殺的情況，會向遺族進行許多提問。

哀悼諮商則不同，它是為了幫助遺族好好度過包含所有離別之後而經歷的一切心理過程。儘管哀悼諮商時常和心理解剖一樣，以某人死亡的那一天做為開始，但在哀悼諮商中，對於某人離開的那一天進行提問的理由，不是為了獲得或分析逝者自殺情況的資訊，因此資訊多寡以及是否準確並不重要。也許遺族永遠無法忘記那一天或那一瞬間，因此他們會更集中精神去感受當時的某種感覺、記憶和感情。許多遺族會在當天被特定瞬間的形象、體感、記憶束縛很久，連自己都不知道自己被那天的記憶捆綁住，讓他們的身心比實際上的模樣更加不同。

・
・
・

小媛

大家好像都有相同感覺，那天的某些記憶一直緊抓著我們，所以我想先從緊抓住我們的那一天開始說比較好，是什麼樣的記憶緊緊抓住了大家呢？

小瑛

那天下班回到家，我發現爸爸不在，他明明沒有其他地方可去，卻不接電話。我走出門，但不知道該去哪裡找他，想打電話也不知道該打給誰，我還想過要不要報警，但不知道警察會不會理會一個成年男性不見了這種事……現在回想起來，我好像早就覺得害怕了，那時候家裡只有我一個人，不知道該怎麼辦，後來我哭著跑去問爸爸熟識的鄰居大叔，問他有沒有看到我爸。

小瑄

那天是週末，我和朋友去北漢山，下山的路上接到了電話。剛開始不知道是爸爸還是媽媽打來，哭著說妹妹好像怎樣了，然後電話一下就被掛斷了，因為哭太慘，沒辦法好好說話。正當我思考著到底發生什麼事，電話馬上又響起來，那頭說：「妹妹出事了，趕快來殯儀館吧。」我嚇了一跳，整個人癱坐在地上大哭，身體不斷發抖，好不容易才從山上下來。

小媛

我在學校時，媽媽忽然打給我，但我正在上課，就把電話掛斷，傳訊息給媽媽說我正在上課，要她傳訊息過來，我傳過去後媽媽明明已讀了，卻整整一分鐘都沒有回我，那一分鐘真的很可怕，我那時似乎已經預感到弟弟可能死了。

小晶

我覺得讓我感到有點痛苦的事情之一，就是當天的畫面會突然閃現。我一直都努力若無其事，去做著別的事，卻會突然想起那天的場景，這讓我很痛苦。

那個場景是我第一次看到姐姐屍體的瞬間。記得那天凌晨姐夫打給我，我知道姐姐因為姐夫非常痛苦，當時想說可能是夫妻吵完架後姐姐離家出走了，所以沒接他電話，電話卻響個不停，我只好接起來，姐夫就只說：「妳先過來，不要跟媽媽說，快點來。」反覆地要我快點過去，我很自然地問姐姐在哪裡，但姐夫還是只要我快點去。

我坐上計程車去姐姐家，發現姐姐家一樓停著一輛警車和一輛救護車，但看起來並不緊急，不是要把人送去急診，而是好像已經處理完事情的樣子。我上樓到姐姐家，看到玄關門開著。進去後，我把頭轉向那個方向，就看到姐姐躺在那裡，但那不是一個可以清楚看到臉的距離，只看到她躺著，那個畫面讓我非常震驚。

現場該說是正在做鑑識嗎？我看到大家走來走去，忙著拍照。我就那樣癱坐在地上，失魂落魄地哭起來，接著門關起來了。我到現在覺得想起來最痛苦的，是當時一下計程車看到救護車和警車的場景，以及大家看起來一點都不急的樣子，還有姐姐躺在那裡的模樣。

小敏

那時候我和媽媽正在西班牙走朝聖之路，當時再走一、兩天就能到達聖地牙哥了。那天睡醒後，我發現爸爸傳訊息給我，爸爸平常不太會傳訊息給我，所以覺得有點怪怪的。我躺在床上看著媽媽講電話，聽到好像是誰死了，我還想「是誰呢？」一直到媽媽告訴我後，我腦中才清晰浮現「原來哥哥死了」的想法，然後眼淚就奪眶而出。我放聲大哭，但媽媽好像沒有哭，也沒有說什麼，只有我哭得很慘。漸漸平復之後，滿腦子只想著我們無論如何都要盡快回國。

小瑛是直接去尋找父親，小媛、小敏和小瑄是從家人那裡得知死亡的消息，小晶則是親自前往姐姐的死亡現場，且在遠處親眼目睹姐姐死亡的身影。參與者們說，如果想起當天的某個場景或畫面，就會咻一下被吸進那一天，就像碰到通了電的電線般被整個捲進去。令遺族痛苦的是，她們無法預測什麼時候這個開關會如何被啟動，與那天相似的天氣、路過爸爸常去的公園、看到救護車時、看見登山的人或在電視上出現聖地牙哥的畫面時，都可能會這樣，有時候就算是一個看似與死亡無關的細微刺激，也會成為瞬間回到當天的開關。

・・・

・・・

小媛

如果想起當時的某個場景或畫面，就會咻一下回到那個時候，而且只要一想起那天就會異常不安。就像小晶說的，全身發抖，思考迴路一下全都中斷，當產生那種感覺時，我就很害怕。

・・・

遺族從那天起就時常出現以前沒有過的症狀。在發生意外或大型事件導致嚴重衝擊時，大腦會為了讓我們的身心做好準備，分泌壓力荷爾蒙來應對這種狀況，像是突然湧上一股憤怒的情緒，感到情感瀕臨爆發，或是希望自己聽到和看到的不是事實。所有感官的電源會突然關閉，出現包括恐慌發作、窒息或頭暈等身體症狀，甚至連睡眠和飲食習慣也會發生變化。面臨壓力時，人類會出現反抗—逃跑—僵硬的狀態，這是極為正常的反應，任何面臨難以承受之事件的人都可能體驗到，這是我們的身心為了生存而選擇的應對方式。

除此之外，與逝者最後相關的特定場面也會反覆浮現，或者不停思考逝者的最後瞬間是什麼樣子，陷入痛苦之中。有時發現逝者的屍體或聽到逝者死亡消息時，那些細節會被擴大並銘記於心，例如傳達消息時醫生的臉部表情、聽到消息時映入眼簾的東西、當時聽到的聲音、觸感與天氣等。

此外，在那一瞬間透過各種感官所得到的某種感覺和經驗，往往可能會在日常生活中繼續重現一段時間，而有時候與死亡有關的部分卻可能不太記得，這都是正常的，不是因為遺族正處在瘋狂之中才有這種狀況。另外，隨著時間的流逝，對失去的哀悼，原本因應衝擊性的壓力而做出反應的身體和心靈，也會漸漸恢復。

看見逝者的模樣

來參加自助聚會的二、三十歲遺族，大多都是成年後第一次經歷身邊有人死亡，對於發現屍體，或在太平間、葬禮上看到遺體，是完全陌生的感覺。

・・・

小敏

我沒有看到哥哥的遺容，聽說哥哥是跳樓，跳下去的瞬間身體好像就破碎了，所以我不敢看。爸媽摸著哥哥的臉哭著，但我太害怕了，不敢待在附近。只站在離棺木遠遠的角落偷瞄了一眼，後來禮儀師說這是最後一次見他的機會了，要我和哥哥打個招呼。其實在那之前，哥哥的手就總是映入我的眼簾，我很想牽一下哥哥的手。最後我牽了一下哥哥的手，還是不敢看他的臉。我想著，哥哥就這樣死了啊，原來真的死了啊……就這樣把哥哥送走了。

小晶　其實我也很怕看到姐姐的遺體，我甚至很慶幸第一個發現姐姐的是姐夫，不是我。

小媛　我也不敢看弟弟的遺體，我弟弟在急診室接受了CPR，但因為是跳樓，所以我猜狀態應該不太好，而且很擔心如果破碎得很嚴重怎麼辦。出乎意料的是，弟弟的遺體很完好。入殮時，禮儀師要我向弟弟說再見，所以我伸手摸了他的臉，感覺像在摸奇怪的塑膠，觸感非常冰冷……實在太可怕了。

・・・

讓這些沒有在現場發現逝者的遺族去瞻仰遺容是好還不好，其實沒有正確答案，只是遺族若能在葬禮上見到逝者最後一面，我認為會是個正確的決定，因為這也許有助於讓遺族接受逝者的死亡已是無可挽回的事實。一般來說，沒有瞻仰遺容的遺族，通常是因為遺體狀態不完整，怕模樣會令人震驚而沒有看，或是自己想看卻被旁人阻止。再加上人們總會說上吊或跳河自盡後，遺體的情況會怎麼樣，這樣人云亦云下來，都讓遺族很難親自瞻仰遺容。相反的，也有遺族並不想看到逝者的遺體，但其他人會說「這是最後一面了，一定要看看」，因此在還沒有做好心理準備的情況下，硬是去瞻仰遺容。

以從哀悼諮商和自助聚會中遇見的遺族經驗來看，禮儀師總是竭盡所能地將遺體裝扮得很乾淨，幾乎不會出現像遺族所想的那種震驚的模樣，相反地，比起心裡一直害怕，更多人認為親自確認逝者的模樣後，反而心裡比較舒服，也能夠安心，因為有些禮儀師會為上吊自殺的逝者在脖子圍上漂亮的圍巾，或用美麗的花朵裝飾。但決定是否要看逝者的遺體，絕對不該是被誰說服而看，應該由遺族自己選擇。如果決定要看，也可以先請禮儀師充分說明遺體的狀態，確認在看之前是否有需要先了解的事實。

瞻仰遺容是為了讓遺族看見「眼前的死亡」，在那一瞬間，與其說是從哲學角度思考死亡，不如說是以物理的方式讓遺族面對事實。哀悼就是從接受並承認物理的死亡開始的。遺族常說，雖然也會害怕逝者成為遺體的樣子會永遠留在記憶之中，但看見逝者最後安詳入眠的模樣，遺族們反而從中得到了安慰。

我們都是第一次參加葬禮

因自殺而過世的葬禮，能夠萬事具備的並不多見，因為除了自然死或病死，其他死亡都必須等候警方的調查。所有自殺事件都會先被分類為病死，等警方調查確認沒有他殺嫌疑後，才能舉行葬禮。自殺雖然不是犯罪，但在判定為自殺前，死亡現場會被視為潛在的犯罪現場，遺族中會有人要接受警方調查，但有時警察可能會在沒有照顧到遺族情緒的情況下進行，因此調查過程有時會導致遺族的痛苦加倍。

在調查之後，還有「要在什麼地方舉行幾天的葬禮呢？」「整個葬禮的溝通由誰決定呢？」「遺照要用哪一張？」「葬禮該由誰主持？」「喪主由誰擔任？」「要將逝者安置在哪裡？」諸多事項都在等著遺族確認。

有些遺族甚至會決定不舉行葬禮，因為不希望任何人得知逝者過世的消息，會盡量低調且迅速地處理。或是雖然決定舉行葬禮，但不希望向弔唁者表明死因。尤其是從死者年齡或生前生活來看，就算突然說逝者過世或病死也不會令人驚訝的自殺事件更是如此。

有時遺族間也會產生矛盾，有些人希望辦得正式有排場，讓與逝者關係親密的人全都能來追悼，有些人卻不想那樣做。來弔唁的賓客中，偶爾會有些喜歡插手甚至沒禮貌的親友，當面說些傷害遺族的話，或認為遺族聽不到而對逝者說三道四，卻在偶然聽到的遺族心中留下一輩子的痛苦。這些讓人毫無心理準備而突然必須舉辦的葬禮，總會持續困擾遺族的心一段時間。

除了代替住院的母親負責籌備父親葬禮的小瑛，兄弟姐妹忽然辭世的其他遺族，也代替慌亂的父母參與了葬禮流程的決策。尤其是小媛、小晶，從聯絡兄弟姐妹的朋友，到挑選遺照等，中間還要擔心父母的情況以及招呼來弔唁的賓客。她們在哀悼諮商中回顧葬禮時，總是會講述對葬禮流程的陌生，以及因此帶來的困惑與後悔，這次在聚會上也談到了有關葬禮流程的主題。

・・・

小媛

想說要把弟弟的訃告傳給弟弟的朋友，我就把弟弟的通訊軟體都看了一遍，從中挑選我認為應該是和弟弟比較親近的人發送。但我怎麼可能知道誰是誰，以及對方和弟弟是什麼樣的朋友呢？我只能一位一位地發送：「大家好，我是〇〇的姐姐，〇〇在十九日過世了，明天將在口口醫院舉辦葬禮。」

當時連出殯的時間都還沒定，只能這樣發訊息給他們，結果其中有些人以為是惡作劇，我收到很多「你這傢伙，不要開玩笑」的回覆，這讓我受到很大的打擊。此外，我對弟弟的骨灰罈也很有記憶，我拿到弟弟的骨灰罈時，真的很燙，撫摸已經成為屍體的弟弟的臉時，那冰冷的觸感和骨灰罈的熱度形成強烈對比，讓我覺得非常奇怪。

小瑄

在煩惱要怎麼聯絡親友時，爸媽說只和親近的人說就好，因此我們各自聯絡了親友。我還記得和爸媽一起去挑選了妹妹的骨灰罈。骨灰罈通常是白色的，但有一個上面有粉紅色的花，比較貴一點，爸爸說想幫妹妹買個好看一點的，因此我選了那個。

去追思園時，弟弟手上拿著骨灰罈，說：「還很溫暖耶。」以及在葬禮的最後一個晚上，我和弟弟整理奠儀，我把鈔票的方向都擺成一樣整理好，用橡皮筋把鈔票捆起來，然後感嘆了一聲：「唉，葬禮也是要有錢才辦得起來啊！」

還有我們在火葬場旁邊的房間哭得很慘，感覺那裡就像是地獄。我們其實很少哭，我卻記得妹妹被裝進骨灰罈裡出來時，我才忍不住大哭。車子也是選了很豪華的轎車，可能爸爸想把好的東西都給她，才選了這輛車，坐在加長豪華轎車上，我還記得自己對妹妹開玩笑地說：「多虧妳，我第一次坐這種豪華轎車。」拿著妹妹遺照的弟弟當時正在打瞌睡，因為辦葬禮一直都沒睡好，我好像只記得這些瑣碎小事。

小敏

我和媽媽是葬禮第二天才到，進去時看到遺照前擺著一個漢堡王套餐，後來才曉得是一個和哥哥最要好的朋友，知道哥哥喜歡吃這個，就買來了。在葬禮上拿著遺照的我非常悲傷，卻怎麼也睡不著，好幾天都睡不好，記得媽媽一直在旁邊叫我打起精神。

小晶

就算是現在回想起來，也覺得做得很對的事，就是讓姐姐穿上韓服而不是穿壽衣，因為我姐平常就很喜歡韓服。遺照是姐姐死前幾個星期吧，她拍了好幾張自拍照傳給我說：「喂，哪一張照片最適合當我的大頭照？」我選了其中一張，畢竟是要當大頭照的，應該很用心拍吧，誰想到這張照片會成為遺照呢？大概姐姐也沒料到吧。看到殯儀館放著的遺照，心裡真的很不是滋味。雖然說要發訃告，但我沒能告訴幾個和姐姐很好的朋友，這件事始終讓我耿耿於懷。然後，撒骨灰時，不是只有一點點骨灰嗎？我一想到那就是我姐姐，想著她那完整的模樣到底去哪裡了？心裡覺得好空虛。

・・・

與遺族見面時，我也曾經回憶過自己經歷的第一場葬禮，是在我小學低年級時，住鄉下的爺爺的葬禮。裡面房間的屏風後放著已經入殮的爺爺遺體，院子裡擠滿來弔唁的人，鄰居大嬸忙著幫客人送飯和收桌子，小孩子則在院子裡嘻笑玩耍。這種在同一空間裡只用一個屏風隔開生者和逝者，既現實又很不現實的感覺很神奇。

那天簡直可說是在大擺宴席，唯一讓人意識到這是葬禮的只有燃香的味道和奶奶的哭聲。奶奶坐在長廊上指揮若定整個葬禮流程，但只要看到有客人進來，奶奶就會開始哭喊「哎呦哎呦」，營造出哀戚的氛圍，似乎在哀嘆對爺爺的怨恨和遺憾，以及自己的處境。明明剛剛還若無其事地交談，客人一來就喊「哎呦哎呦」的奶奶，模樣實在太戲劇化了，導致我當時忍不住懷疑奶奶到底是不是真的在傷心，這就是我對葬禮最初的記憶。

有一本名為《世界上最棒的葬禮》的繪本（作者為烏爾夫．尼爾森，繪者為艾娃．艾瑞克森），內容描述三個小朋友模仿大人，為死去的動物舉行葬禮。故事以三個小朋友為不知何時死去的動物舉行葬禮的第一次經歷為開端，以及他們成立葬禮公司並舉行各種動物葬禮的故事。故事裡的小朋友扮演讀寫追悼詩的角色、製作墳墓的角色以及哭泣的角色，他們為動物舉行正式的葬禮，並在這個過程中互相提問並回答，學習「死亡」的課題。

葬禮是一個思考生與死之連結的場合，也是讓我們記住身邊有某種存在的場合，更是安慰被留下來的人的一種社會性結合。儘管所有活著的存在都應該要好好送走離去的人事物，自殺者遺族記憶中的葬禮卻不是像活人的盛宴那樣的葬禮，也不是繪本裡那種世界上最棒的葬禮。通常他們所面對的都是一場陌生、不自在且混亂的葬禮，因此很難好好在心底真正送走逝者。

在諮商室，我時常有種自己是不是在和遺族一起舉行心靈葬禮的感覺，我們的對話成為追悼逝者的詩，並且一起在心中打造墳墓，辦一場讓當時沒能好好哭一場的遺族可以毫無顧忌地哭泣的葬禮，就算時間已經過去很久也沒關係，我真的很希望能夠為匆忙結束葬禮的自殺者遺族，舉行一場心靈的葬禮。

好想知道「爲什麼？」

儘管有程度上的差異，但基本上所有遺族在某段時間內都會忍不住去追查逝者自殺的理由，並且不斷思考對方在死前向遺族發送的「求救訊號」，若發現當時沒察覺到的言行舉止，現在回想起來根本都是警訊時，就開始感到後悔或自責。

這個過程可以說是不得不做的事，但越追究也讓遺族陷入更深的痛苦，有的遺族會逐一追蹤逝者留下的所有痕跡，有的則連看到一點蛛絲馬跡都覺得非常痛苦，因此逃得遠遠的。

大多情況下，遺族會在對方離世沒多久後開始追查，也有些人會在過了數年後才開始，雖然迴避這件事可以暫時減少痛苦，但之後這些情感會隨著時間流逝，在某天重新回流。

進行心理解剖時，我曾想：如果哪天我自殺了，有個自認非常了解我的人來參加心理解剖，他究竟能回答多少問題呢？我想起了兩個能站出來說很了解我的人，但如果要他們來猜一猜關於我的資訊，他們口中的那個我，實際上可能和真正的我完全不同，因為我可能會為了展現出想在他們面前展現的那一面，而戴上面具。

遺族所掌握的逝者資訊可能很零碎也很少，當然有些人可能擁有雖然小塊、卻很關鍵的碎片，而有些人擁有的可能是與死亡理由毫無關聯的碎片。儘管如此，遺族仍然不停思考自己所擁有的是什麼樣的碎片，以及到底有多少碎片，這個過程不能停止也無法停止。透過這種方式收集的逝者故事可能與事實不符，但沒有關係，因為在哀悼過程中，最重要的是遺族為創造出這個故事進行的努力。

小媛和小敏屬於積極追查逝者死亡理由的遺族，她們從葬禮時就開始了，甚至還向前來弔唁的人確認是否有人知道原因，繃緊神經聽逝者的朋友討論的內容，只為尋找家人所不知道的線索。

小瑄看了妹妹留下的筆電、訊息，也見了妹妹的朋友，她很想知道妹妹是從何時開始如此痛苦；小瑛和小晶已經知道逝者在走向死亡的道路上經歷的關鍵事件，因此比較沒有專注在尋找死亡的理由上，但她們也對於當時逝者都已經痛苦到要選擇死亡了，自己卻什麼都不知道而感到後悔和痛苦。

・
・
・

小媛

我記得自己似乎在葬禮上成為偵探。我想著會不會有人知道我不曉得的事，也在思考應該要問誰才能知道，於是我拿著一個小本子，一面向客人打招呼，說「我是聯絡過你的〇〇姐姐」，然後查看一下對方的臉。後來我發現自己竟然光看對方的表情，就能知道這個人跟弟弟熟不熟了。

小敏

我不知道哥哥的內心狀態，我們沒有住在一起，一個月才見一兩次，平常也很少聯絡。我記得哥哥離世前一個月，我們週末有見面，當時哥哥似乎處於極度煩躁和敏感的狀態，我也覺得還是別惹他比較好，因此一直躲在自己房間裡。我對哥哥了解的太少，反倒是哥哥走後，透過他的手機和部落格上的文字，我才知道哥哥臨死前是處於這種狀態，我其實是想找出哥哥選擇死亡的原因才會那樣做，但我現在已經搞不太懂了。

哥哥死前一天的確出了點意外，他發生了車禍，但我和媽媽正在旅行，所以是在旅行中接到哥哥的電話。哥哥打來只說是因為疲勞駕駛打了瞌睡，結果睜開眼睛一看，自己竟然撞上了堤防。媽媽似乎對哥哥說：「沒有發生太大的傷亡，真是太好了。」但哥哥的遺書裡卻寫著：「睜開眼睛一看，發生了車禍，我那時領悟到，自己並沒有想要活下去的意志。」他是故意撞堤防的嗎？還是無心的？當時我腦中湧上各種想法，甚至想著如果當時真的發生車禍，也許哥哥就不會死了。

我不知道哥哥死前的心情是什麼，也問了在葬禮上見到的哥哥的朋友，但他們都說不知道，也都回了我類似的話。在哥哥過世前幾天一起喝酒的朋友也說：「雖然我知道他很累，但沒想到是這種程度。」不管是我、媽媽還是哥哥的朋友，全都說出一樣的話「沒想到會到這種程度」，所以我和媽媽才會去旅行。我想著：「哥哥知道自己會死嗎？」但總是不自覺想起哥哥其他的話，例如之前哥哥曾對媽媽說：「我只要活到三十歲，耶穌也是三十歲就死了。」還有「我沒有勇氣死，所以不能死」之類的話，我卻忍不住想著：「哥哥為什麼要死？為什麼就這樣死了？」

小瑄

我看了妹妹的手機和筆電，媽媽好像也看了。妹妹的憂鬱症比我們想像得更嚴重，在重考三次的過程中非常痛苦，之前甚至試圖割腕自殺。現在回想起來，這並不是某一天突然發生的，只是雖然一直發生這樣的事，但我們都沒想到她真的會去死。

妹妹沒有留下遺書，我也覺得妹妹可能不知道自己真的會這樣死去，難道不是單純透過自殘來表達痛苦的心情而已嗎？我在臉書上找了一下，發現有類似這樣的自殘故事。我想著難道她只是以那種方式來表達痛苦，只是在懲罰自己嗎？可能站在她的立場上，那並不是突然，只是站在家人的立場上卻很突然，真的沒想到她這麼疲憊。

小晶

現在想想，當時好像出現了很多根本沒想到會是自殺的徵兆。姐姐去世前三個月左右，因為心裡實在太難受了，去精神科掛號拿了藥，可是這時她和姐夫大吵了一架，一口氣吞了好幾天份的藥，但她突然覺得非常害怕，又自己打電話叫了救護車去醫院洗胃。

那件事發生過後一、兩個月，她只是平靜地對我說：「我那樣做是因為太累了。」那時候覺得她現在看起來好像還好，後來我才知道那其實是非常重要的警訊，就像剛才大家所說的那樣，「沒想到會那麼累」這句話真的讓我很有同感。那麼明顯的徵兆，當時卻很容易忽略，真是很殘忍。

雖然不是刻意忽略，但我會一直想著「如果當初再多做點什麼……」如果我有陪姐姐一起去醫院，或多陪伴姐姐，採取什麼行動的話，結果會有所不同嗎？儘管現在都已經是毫無意義的問題，但我還是會忍不住這麼想。

・・・

自殺警告訊號是指自殺死亡者產生自殺的想法或出現自殺意圖的跡象，警告訊號的種類大致分為語言、行動、情緒三種範疇。根據二〇一九年心理解剖結果報告顯示，百分之九十三點五的自殺死亡者在死亡前都有發出警告訊號，但實際上透過死亡前的警告訊號察覺到這種變化的情況卻只有百分之二十二點五，那麼事先察覺警告訊號的這些人又是如何應對的呢？最多人回答：「雖然很擔心，但並不覺得對方會真的自殺。」儘管心裡有點不安，但當時想的是「應該不會吧」。

心理解剖通常會超過兩個小時，分析遺族對眾多問題的回答後，就會得出大量資料，在年末整理核心內容，寫成報導。當時的自殺預防政策努力強調自殺預防衛教，因此二〇一六年的心理解剖結果中，對「自殺警告訊號」的結果成為這項政策的良好依據。

當時負責此項工作的事務官野心勃勃地拿出的報導題目是「他們發出了求助的訊號，但我們不知道」。大家被這個標題觸動，也開始去認識心理解剖，人們對該報導的反應非常熱烈，相關新聞也在各大網站首頁出現很久，連主要新聞頻道都報導了「自殺警告訊號」。

接著，我們在全國進行了「想自殺的人一定會發出訊號，要仔細觀察那些訊號，詢問他們是否沒事，讓他們能及時得到適當的幫助」的教育座談。當時我只顧著高興我們分析的結果引起社會關注，卻沒有想過自殺者遺族對報導有什麼樣的看法，直到接到了遺族的抗議電話為止。

「因為那些報導，身邊的人好像都在問我為什麼沒有發現那些訊號。本來光想到沒能阻止他的死就已經很痛苦了，現在又出現這樣的報導，其他人會怎麼看我呢？」接到他的電話後，我也讀了報導的相關留言，那裡也有一些與電話抗議類似的留言。

在心理解剖中，針對自殺警告訊號向遺族提問時，首先會問逝者在死前發生了什麼變化，大部分遺族都會回答「沒有」或「不太清楚」，接著面談人員就會展示出面談協議附錄中的警告訊號目錄，再次詢問「這是自殺前容易看到的各種變化，請逐項閱讀，確認是否有與逝者符合的部分。」通常原本剛才回答沒有或不知道的人，在這裡也會選出幾項。

遺族通常會最認真確認睡眠及飲食變化、心理狀態變化等問題。報導稱「想自殺的人中，約有九成四的人會發出警告訊號」，這是心理解剖的分析結果。但我們可以試想一下身邊一些看起來完全不會想死的親友，用自殺警告訊號上的問題進行確認。對方可能時常說到死亡，偶爾也會抱怨身體不舒服，甚至還會說貶低自己的話，偶爾陷入無力感。

如果在與自己親近的某人身上，真的看到了所謂自殺警告訊號目錄中的變化，我們會怎麼做？我能問對方是不是想自殺嗎？我們能否每次都用自殺警告訊號評斷後，積極努力尋求幫助呢？答案顯而易見，就像我所見過的大部分遺族一樣，只是覺得「應該不會那樣吧」，實際上很難真正付諸行動。

來諮商的遺族常說：「在逝者死亡前，不曾感覺到任何變化，可是現在回想起來，似乎一切都是警訊。」雖然這是個敏感話題，但實際上，我並不認為所有的自殺都能百分之百預防。當然我們要盡最大努力去守護寶貴的生命，但我們只是凡人，有無可避免的侷限性，更重要的是，對一個已經因某人自殺而失去對方的人說「原來早就有警告訊號了啊」這句話根本毫無意義，想自殺的人所處的世界，有無法被活人的邏輯解讀的地方。會選擇走向死亡的人，有時就像是被難以接近的堅韌布幕所籠罩，一旦進入那個世界，就是會把瑣碎小事當作支持自己決心的證據，成為決定自殺的動力。

第一次聚會結束時

我們完全沒有意識到兩個小時就這樣過去了。在第一次聚會上，我們以遺族最難說出口的「那天」為開頭。一直啜泣的小敏；表情有點不自在、說不出話的小瑄；最積極發言、提問，和他人共鳴的小晶；不習慣表達感情的小瑛；雖然很順利地帶領了今天的聚會，但因為其他參與者而有點緊張的小媛，我就在旁邊看著她的模樣。

聚會最後，參與者分享了今天所感受到的情感和想法，小媛說：「聽著參與者的故事，突然想起之前忘記的事，進行到一半時實在很想大哭一場。」

聽到小瑛說她在弟弟吃完晚餐前，都說不出口爸爸已經死去的事，讓原本對於弟弟去世後，父母沒有馬上通知自己而耿耿於懷的小媛開始能夠理解，也許自己的父母和小瑛是類似的心情，她還說：「原本以為自己對這些事已經看開，在這裡卻明白了，無論何時或以何種方式，悲傷都會降臨。」

小瑛也說，聽到其他參與者的故事後，她開始有點好奇弟弟對爸爸的死有什麼感受。小敏在聚會時哭得很慘，她也坦承自己哭到有點精神恍惚。參與者中與逝者離別最久的小瑄說：「很久沒有翻出來的這些記憶和情感，讓我覺得陌生又痛苦。」

自助聚會創造了一個契機，讓大家在傾聽別人的故事時，能夠了解到自己從沒想過的其他關係中的人，我能夠透過對方映照出來的光亮，結下其他更寬廣的關係。同樣地，我也從中再次認識到她們確實是自殺者遺族，有像小敏一樣參加完聚會後身體就不舒服的人，出現發燒、心臟緊縮或精神恍惚的情況，就像重新體驗了與逝者告別後的身心反應。我叮囑參與者，若在下週聚會前身心出現難以承受的情緒，請隨時和我聯絡。我很好奇今天的故事會對她們接下來的一週產生什麼影響，以及下週她們會以什麼面貌再次相聚，我們就這樣一起艱辛地穿過了一個必須跨越的地方。

第 2 個哀悼之夜

意識到
我們正看著彼此

體會開口分享的力量

第二次聚會，幸好大家都來了，於是先一起聊聊過去一週過得如何。小瑄說，就像上次聚會結束時她說的，像是久違地扒開了這層皮，當晚她感到非常痛苦，但第二天開始好轉；小瑛上次說能談起爸爸的地方只有這裡，所以很高興，她回家在洗頭時流下了眼淚，因為突然想起了爸爸辛苦的模樣。努力不去記住關於逝者或那天情況的遺族們，也會有突然想起這些事的瞬間，就是洗頭或睡覺前。因為什麼都看不到、無處可逃，於是突然想起了那個人，小瑛也是如此。

小晶來參加聚會前與母親吵架了，因此情緒不太穩定，其實在聚會開始前，我最擔心的就是小晶能不能來參加，也最想知道上次聚會後，她的一週是怎麼過的。幸虧小晶上星期發表感言時，說參加聚會能夠盡情講述姐姐的故事，反而讓她產生了能量。

小敏說她上次哭得太激動，精神很恍惚，她回家後邊想著眼淚的意義是什麼，寫下了一篇文章。她也說這是自己第一次向別人介紹「我哥哥就是這樣的人」雖然心情很疲憊，卻感覺自己完成了某種儀式。

我引用小媛的一句話，開始第二次的聚會之夜。

「我希望我們能關注彼此的模樣，並分享那份情感，當發現了什麼變化就告訴大家。聽到別人描述自己的改變時，不是會有種『我竟然還有這一面？』的想法嗎？」

當他活過的一切痕跡都將抹去

心裡還沒有接受逝者「已經走了」的事實的遺族，卻必須到各個機關去履行確認逝者死亡的行政程序。要跑遍區公所、逝者的公司、銀行、保險公司、國民年金、手機服務中心等地，不斷說明那個人已經死亡並簽名，逝者生前在這個世上所擁有的權利和義務都要捨棄，遺族也得切斷證明逝者曾在這個世上存在的紀錄和生命反應（vital reaction）。

曾有一位接受諮商的遺族由於各種因素，導致超過死亡申報半年的期限一個多月了，還沒有申報丈夫死亡。根據《家庭關係登記等相關法律》第一二二條，延遲罰款最高到五萬韓元。當她終於前往辦理，承辦人員卻對不停落淚的她說：「都過六個月了，妳還在難過嗎？」雖然這句話背後的含意是希望她打起精神，趕快回到原本的生活，但在聽的人耳裡更像是在責備。接著，負責人又說了些指責逝者的話，來顯示自己是站在遺族這邊。

與其辯解說「我是在安慰他們」，還不如保持沉默就好。我想提醒一下協助處理死亡申報的人，不要反問來處理逝者事務的遺族：「你說什麼？他是自殺嗎？」也不要隨意推測關於逝者的事來安慰遺族，因為大多數遺族還處於無法切身感受到自己身上發生之事的狀態。因此其他人該做的，就是安靜而快速地接收這個訊息就夠了。

在逝者死亡後，刪除他在行政、法律上記錄的時間，根據其生前的生活而略有不同，短則一個月，長則三個月以上。如果逝者的自殺牽涉到法律層面，或有財產、負債繼承等複雜的問題，則可能會延長更久。

小敏認為哥哥是因過勞而自殺，因此想申請職災賠償。根據《職業災害補償保險法》第三十七條第二款規定：「勞工若是由於故意、自殘行為或犯罪行為或由此引起的受傷、疾病、傷殘或死亡等，不能視為業務上的災害，但在受傷、疾病、傷殘或死亡等正常認知能力明顯下降的情況下，所做出的行為而發生的情況，如果包含總統令（效力等同於法律）規定之理由，就可視為業務上的災害。」

「正常認知能力等明顯下降的狀態」就是由於工作過勞和壓力，導致憂鬱症等精神疾病或病情惡化，甚至「無法期待做出合理的判斷」都能被視為職業災害。如果逝者生前有因工作過勞而留下身心科就診記錄，提交相關紀錄即可，但大部分勞工其實都沒有紀錄，小敏哥哥也是如此，這時就只能透過逝者留下的日記、訊息等，以及同事和遺族的陳述，來證明在「正常認知能力明顯下降的狀態下自殺」。

在法律上爭論死亡的責任歸屬，等於是讓遺族被迫繼續留在逝者「自殺」的這最後一個篇章。那個人對自己而言是什麼樣的存在，有著什麼意義，因此而失去了什麼，遺族都難以充分感受、也很難感到悲傷，也就是說，遺族對逝者的哀悼過程在這種情況下，很容易被強迫延遲。

・・・

小敏

哥哥公司的人說要和我們見面，但目的是什麼？要說什麼？一想到這些，心情就很複雜。如果要和公司的人見面，我似乎得先了解整體情況才行，所以還跑去找了勞務師[2]，並向比較清楚這方面問題的熟人打聽。因為我什麼都不懂，也只能急忙聯絡到幾個地方，大家都說這樣做會很辛苦，卻沒有提供我多少實際資訊。

後來我在新聞裡看到有「韓國過勞死、過勞自殺者遺族聚會」，就去了那裡，得到很多有關如何申請職災的訊息。如果想做好萬全準備，就需要父母同意，但我還沒有勇氣跟父母提議一起去幫哥哥打官司。

・・・

小晶要解決姐姐剩餘財產的繼承問題，她必須代替媽媽向很早就離婚的爸爸告知姐姐的死訊，並處理繼承相關事宜。在見到爸爸前，她原本還擔心爸爸會不會責怪自己和媽媽，或是如果不願意放棄繼承該怎麼辦。

・・・

2　勞資事務師，簡稱勞務師或勞務士。是讓社會保障制度能徹底落實，幫助所有勞工與企業主，取得勞資雙贏的勞動法專業人士。

小晶

繼承的相關問題實在太多了，我完全沒料到，尤其是我的父母已經離婚，而且還是二十多年前的事。老實說，我們姐妹在記憶中幾乎沒有爸爸這個存在，但因為姐姐沒有孩子，所以配偶和父母就是繼承人，儘管父母已經離婚，但在子女關係上還是有資格繼承，我也因此必須聯絡早就遺忘的爸爸。真的很尷尬。

首先我要告訴爸爸，姐姐過世了，接著進行繼承說明，還需要他帶印鑑過來，真是非常艱難。姐姐小時候從爸爸那裡受到的傷害也很大，但是真正見到爸爸時，爸爸卻說出「就是因為你們，姐姐才會死」這種話，荒謬到讓我覺得可怕。要去找一個數十年來完全沒聯絡的人，還要跟他要什麼印鑑，對我來說真的很痛苦。

・・・

與其他死亡相比，自殺的法律和行政程序比較複雜，因此在逝者死亡後，遺族可以透過「自殺者遺族一站式服務中心」處理法律、行政程序，包括繼承、放棄繼承、繼承限定，都有提供核准補助及勞務師諮詢費補助。據說這個中心是某位遺族積極推動的，從二〇一九年設立，先從光州、仁川、原州等地開始試點，然後逐漸擴大。中心宗旨在於讓自殺者遺族能夠在慌亂的心情下，不需要四處奔波，只要在一個地方就能得到法律、經濟與心理上的幫助。但就像所有自殺預防政策一樣，在預算嚴重不足的情況下，這個中心究竟能否順利營運下去，目前也很不確定。

開始做哀悼諮商前，我通常會先詢問遺族是否有未完的法律或行政程序。大部分無法迅速處理的事，都是逝者留下的財產或負債，如果來諮商的遺族需要親自處理這些問題，我都會建議可以晚一點再開始進行哀悼諮商。也曾有遺族在丈夫自殺後，一面與丈夫生前任職的公司抗爭，又因為各種財產處理問題與婆家衝突不斷，導致諮商大部分時間都在討論房地產和稅金問題，逝者離開後的經濟問題，會瞬間吞噬遺族在哀悼過程中的所有焦點，使任何話題都會轉向討論財產。

但這確實是非常重要、也需要優先處理的問題，只有順利解決完這些事情，才能完全專注於自身的哀悼。

他走了以後，我的日常——面對自己的悲傷

葬禮結束後，遺族回到了「失去某人」的日常，這裡除了沒有那個人，一切都照舊。小瑛結束喪假後回到公司上班，她認為起床後有地方要去，有事情要做，反而成為她撐下去的力量。但在爸爸的葬禮上暫時出院的媽媽，病情再次惡化，她第一次代替爸爸帶媽媽去住院，小瑛說：「想到爸爸一直都在照顧媽媽，我就覺得很難過。」她還說，現在想到自己要全權扮演這個角色了，不由得感到茫然。

・・・

小瑛

媽媽住院，弟弟上下班時間和我不一樣，因此在家很少見面，大多數時間我都一個人在家，但我變得非常討厭自己一個人為了填飽肚子，要去買東西吃或自己做飯，就是生活失去意義的感覺。如果有個洞，我真想躲進去不要出來。

但我還是得賺錢，所以每天都去公司上班，不過這麼做似乎對我很有幫助，因為那時我哪都不想去，只想躺著，是為了工作才勉強起來，現在想想，這給了我很大幫助。

・・・

小敏回歸日常後，一直在忙很多事，她去哥哥的宿舍整理遺物，也確認了哥哥的遺書內容、處理保險金。因為擔心父母，還去打聽了當地自殺預防中心的心理諮商。直到聽見哥哥的保險業務說「好好休息之後再處理也沒關係」這句話，她才發現自己原來一直都很急躁地做很多事；小媛也是急於查明弟弟的死因，一直想趕快找出什麼蛛絲馬跡，不停在弟弟房間尋找各種線索。

小媛

該怎麼說呢？那種要趕快做點什麼的急躁感，可能是因為實際上要做的事很多，但對我來說是一種防禦機制。我覺得自己不能一直放著這些事，要揭開弟弟死亡的謎團，照顧受這件事影響的人，還要進行相關行政程序，我似乎有把所有事全攬在自己身上的傾向。

・・・

小晶在姐姐死後做了七七四十九天的齋戒，姐姐的朋友也一直陪著她，所以當時並不感到孤獨。師父當時對小晶說，結束七七四十九齋後會更難過，確實正如師父所言，「一切都結束了」的強烈空虛感湧上心頭；小瑄則在結束妹妹的葬禮、回歸自己的生活後，過了一段還算正常的日子，但幾個月之後，突然感受到一股莫名其妙的情緒波動。

‧‧‧

小晶

真的結束了，我切實體認到以後再也見不到姐姐了，我感到很空虛。不知道是不是因為這樣，我似乎變得很暴躁，沒辦法控制情緒，總是在生氣、煩躁，就算是小事也能和別人吵起來。就這樣大概過了三、四個月，我發現自己這種狀態很難好好工作，因此申請了休假。我很慶幸自己做了這個決定。我休息了一年左右，直接面對自己對姐姐的想法，雖然很難，但那時我幾乎是每天都想著姐姐度日。

小瑄

妹妹去世後的幾個月裡，我就照原本的規律生活，覺得自己比想像中好多了，只要繼續這樣保持就好。幾個月之後，我忽然開始覺得自己什麼都做不了，所以又回到父母家，在家裡休息了一個月。

‧‧‧

對方去世後，每個遺族都是用不同方式來面對哀悼的痛苦，有的人為了盡快適應這種失落感，強迫自己恢復正常生活並積極行動，也有的人會去感受並表達這種伴隨喪失經驗的情感，這兩個過程都是哀悼的重要環節，不能只偏重任何一方。

有一位在戀人自殺兩週後來訪的哀悼諮商者，他聽說因自殺而失去某人的人，都會有一段很長的時間非常痛苦，他想盡快讓自己「軟著陸」。「軟著陸」指的是飛行體要著陸時，為了不損傷飛行器或乘坐在裡面的生命體而減速，讓飛行體能夠減緩衝擊、輕鬆降落。他希望透過哀悼諮商，減少這件事對自己的衝擊，盡量降低心靈創傷。也有失去妻子的丈夫來諮商時對我說：「我想得到一些能夠盡快忘記我妻子的祕訣。」那些來哀悼諮商的人，大多不想放任自己去感受悲傷和記住這一切，而是想盡快結束這份痛苦，恢復自己的日常。

小敏希望盡快了解、整理哥哥的死訊，趕緊把這些「任務」完成；小晶則希望能留在姐姐的死亡所帶來的喪失情感中久一點，她需要讓自己盡情思念、悲傷以及痛苦，所以請了長假。

專注於適應和恢復的遺族，應該嘗試去看見逝者的死亡對遺族留下的情感，並且要能夠把這種情感說出來；而對於被失落感的痛苦包圍，連自己的生活都顧不了的遺族來說，則應該啟動恢復和適應機能的運轉。所謂的哀悼，即是讓「恢復」和「適應」這兩個軸心相扣並一起運轉的過程，儘管一開始會因摩擦而發出雜音，但哀悼諮商就像是為運轉不順暢的地方上油潤滑。

我的哀悼和你的哀悼不同

「孩子都死了，怎麼還可以這麼若無其事啊？現在為公婆慶生很重要嗎？我完全沒辦法理解，非常生氣。」這是一個失去孩子的母親所說的話，她對於一早起來吃完早飯然後去上班，每天晚上喝酒，週末還跑到婆家照顧父母的丈夫感到憤怒又怨恨。

「每天都這樣失魂落魄又哭哭啼啼，放著其他還在的孩子不顧怎麼行？活著的人就該好好活著啊！難道抱在一起哭，死去的孩子就能活過來嗎？」這是失去孩子的爸爸說的話，他抱怨那個不吃不喝、整天哭哭啼啼，和婆家、娘家全部斷絕來往，只是躺著想死去孩子的妻子。

「我真的很擔心媽媽，怕她繼續那樣會出事，爸爸雖然看起來也很累，卻絕對不會說出內心話。我希望爸爸不要假裝沒事，或強打起精神，反而希望他們能為一些小事爭吵。家裡的氣氛實在太沉重了，真希望他們不要在我面前擺出小心翼翼的模樣。」這是失去兄弟姊妹的遺族所說的話，雖然程度上有所差異，但這個有未婚子女自殺的家庭，在經歷離別之後，度過了一段很長時間的家庭矛盾。

根據家庭成員與逝者的關係，對死亡的哀悼反應也有所不同，有時甚至會無法理解彼此的反應。我常對哀悼諮商者說，大家都有難以被他人理解的痛苦，就算是生活在同一個家，也不是都能了解彼此的情況。爸爸知道的和媽媽知道的不同，兄弟姐妹對逝者的了解也略有不同，有些人可能和爸爸更親近，有些人可能更容易對兄弟姐妹敞開心房。加上有些家庭成員會用表達出來的方式哀悼，有些人則是以吞下這份情感的方式，不是和自己不一樣，就是不悲傷、不痛苦。有時人們會因為這些原因，而埋怨其他家人。

・・・

小敏

媽媽最不安，爸爸要我好好照顧媽媽，帶她從旅行的地方回來後，在葬禮上親戚也都說「妳媽媽應該最痛苦」。我也那麼想，所以一直不安的觀察媽媽，擔心她會有事，所以一直待在家裡。

後來爸爸說，這段時間我們好像太疏忽彼此了，因此提議至少一個月要一起吃一頓飯，還說：「難道我們連一起吃頓飯的時間都沒有嗎？」所以現在每頓飯都想一起吃，盡量和家人待在一起。雖然在一起時沒有互相說什麼安慰的話，但光是看著彼此，有時候也會哭出來。

晚上我會聽到媽媽一個人在房間裡痛哭，或是邊唱讚美歌邊哭，聽著這些哭聲的我，也跟著哭了。

小晶

送走兄弟姐妹的人好像都差不多，雖然我是失去兄弟姐妹，但從父母的立場來看，他們是失去了子女。我想大多數人都會這樣想吧，父母應該比我更痛苦，所以剛開始我想，以後我要奉獻自己，犧牲一切。

小媛

弟弟過世後，有段時間我和爸媽好像完全失去記憶一樣，什麼都想不起來，當時爸媽完全處於恐慌狀態。我反覆思考著弟弟去世那天到底發生了什麼事，彷彿忘了此前一起度過的時光。

在無處傾訴的狀態下，我獨自嘗試揭開弟弟死亡的真相。比起照顧自己，我更想著要照顧媽媽，因為我很擔心媽媽會去死，甚至還去找巫師，問說如果不想讓媽媽死掉我該怎麼做？但是剛才小敏也提到，在葬禮上常聽到別人說「妳現在要負責照顧家人了」、「妳要解決這些事情」、「妳要好好活著，爸媽才能活下去」這些話。

・・・

小媛、小敏、小瑄和小晶在逝者離別後都一度擔心父母，小媛和小晶在家人去世前雖然和父母關係不是很好，但都認為失去子女比失去兄弟姐妹的自己更痛苦。幾位參加者都是從逝者的葬禮開始，就不斷聽見親戚說這些話：

「妳要照顧好爸媽。」

「妳要好好表現，爸媽才能活下去。」

在那段期間，父母不太會記得要擔心或照顧留下來的孩子，一位失去丈夫的妻子，對自己的青少年子女說過這樣的話：「等你長大成人後，媽媽就會和爸爸在同一天離開，這樣你祭拜時就方便多了。」

她的孩子在諮商時大哭不止，說這句話實在太可怕了，但當事人不記得自己說過這句話，她後來才知道，當時女兒比起對爸爸的哀悼，更擔心會失去媽媽，這讓她非常心痛。

一度以為應該代替姐姐照顧媽媽的小晶也是在心理諮商時聽到「媽媽失去了孩子，但妳也失去了姐姐」這句話後感到安慰，就像媽媽不能代替姐姐的角色，小晶也意識到自己不能代替姐姐，因此稍微減輕了應該照顧媽媽的沉重壓力。她們了解到即使自己做得再好，也永遠無法填補某人的空缺，不管自己做什麼，父母必須經歷的痛苦也不會消失。

能和家人談談那個人嗎？

自殺事件會讓被留下來的人徹底改變人際關係，有人說「自殺是對家庭關係的一種攻擊」，在哀悼過程中，接受並適應家人過世後整個家的角色變化、緊張和矛盾是非常重要的，如果總是想回到逝者去世前的家庭關係，那麼哀悼的痛苦也會加倍。最好能自在講述各自經歷的痛苦、互相安慰，但通常可能擔心造成彼此更大的傷害而說不出口，最後演變成持續地獨自痛苦、互相埋怨。

我認為因自殺而失去家庭成員時，留下的人往往需要一些獨處時間，彼此要尊重那個時間，唯有如此，留下的人才能夠開門走出來，吐露那些痛苦。家人去世後，有時不知道自己的痛苦是因為逝者，還是因為失去逝者而痛苦的自己，或是因為每一個人而痛苦，因為這些情感全都交織在一起了。獨處能專注於逝者和自己的關係，而不是和其他家人的關係，因此，此時除了家人，親密的朋友或專家會更有幫助。

・・・

小瑄

媽媽平常經常提起妹妹，這讓我有點心累，媽媽太習慣說出對妹妹的歉疚了，譬如吃水果時，會說妹妹以前喜歡吃水蜜桃，卻沒有買好吃的水蜜桃給她，還會跑出去買水蜜桃。看到什麼食物就說妹妹真的很喜歡之類。我就算想要說點妹妹的事，但一說媽媽就會哭，我不想再看到媽媽那樣了，所以就算想起妹妹的事也會忍著，或心情好時偶爾說一兩句，雖然很好奇爸媽對妹妹的死有什麼想法，但我問不出口。

小媛

在我們家真的很難談起弟弟，直到不久前，我們才真的開始比較輕鬆地聊到弟弟喜歡什麼，一起吃過什麼，還有以前去哪裡玩時也有過這樣的事等等。

小晶

我不想和媽媽談論姐姐，雖然也覺得媽媽很可憐，但也覺得她很討厭，覺得她是搶走我姐姐的人，後來又覺得媽媽失去孩子應該也很傷心，應該說是兩種情感交雜在一起嗎？總之我就是不想和媽媽談論姐姐，以後似乎也不會這麼做。

小敏

其實我很好奇爸媽還好嗎？心情怎麼樣？身邊有沒有能聊這些事的人？但我不敢問。我也不知道為什麼問不出口，是怕自己哭，爸媽會看到我崩潰的樣子，還是在害怕什麼？哥哥走了後，我在自己的部落格上一直以非公開的方式寫哀悼日記，媽媽則是每天傳訊息給哥哥，我看到了媽媽寫的文字，才體會媽媽的心意，但我們只能這樣間接地觀察對方，沒辦法直接說出來，覺得有點可惜。

小媛

對於弟弟為什麼做出這樣的選擇，爸媽和我都是以自己的方式思考，這點對我很有幫助。如果沒有和家人談論過的話，我應該會恣意地對爸媽發洩我的憤怒，但和爸媽聊了弟弟的事後，好像漸漸能更輕鬆地在日常中對話了。很多人擔心和家人談論死亡，會難以控制情緒或受傷，我很能理解這種心情，因為我也是。但另一方面，我覺得有些情感還是發洩出來比較好，而且我想告訴大家，真正開始這麼做時，其實沒有那麼可怕，當然大家所處的環境都不一樣，但是不迴避衝突、勇敢面對後，對我來說成為一個很好的契機，讓我現在和父母的相處比以前自在多了。

・・・

充分度過一段獨處時間後，家人談論逝者的死亡時，必然會產生不自在的狀態，這是無法避免的，更不會因為不說話而消除。我曾經為了進行心理解剖而與一家人見面，有酗酒問題並患有憂鬱症的父親自殺過世很久了，是配偶和成年子女參加這場面談。面談是兒子申請的，但他申請心理解剖的理由與大部分遺族不同。大多數申請者是想知道逝者死亡的理由，這位兒子卻是為了確認母親是否安好，才帶母親一起來面談。

父親去世後，家裡的對話似乎就消失了，尤其是母子之間一次也沒有談論過父親。母親在父親過世後就不出門，整天待在家裡，兒子每天上班都擔心在家的母親，雖然想著「媽應該不會有事吧」來說服自己，但工作時會突然感到不安和恐懼。

父親去世後，兒子曾獨自在ＫＴＶ裡哭，或在浴室裡打開水龍頭哭，但他從未向母親展現過自己的情感。兒子每天只要不喝酒就睡不著，健康狀況也越來越差，母親雖然擔心每天喝酒的兒子，但只裝作不知，因為如果她說擔心，兒子就會和她談論丈夫或丈夫的死，這是她想逃避的話題。

母親講述了兒子不知道、還有她希望兒子不要知道的事，這段時間以來，母親被那些事壓得喘不過氣，導致她根本無法顧及自己和兒子的心情，然而實際上兒子早已知道那些母親不希望他知道的事，只是對兒子來說，父親就是他眼裡的那個父親而已。

我常向自殺者遺族介紹一部名為《為你走的路（Evelyn）》（二〇一九）的紀錄片。導演的弟弟伊芙林在十三年前自殺，雖然他是一個專門拍攝戰地紀錄片的導演，但在弟弟死後，弟弟的死亡和名字卻讓他很痛苦，他從未提過這些事。紀錄片是其他兄弟和媽媽一起走在曾和弟弟一起去過的地方，聊起伊芙林和伊芙林去世後各自的心聲。在片中，有時他們和媽媽一起走路，有時則和離婚的爸爸見面，中間也有認識伊芙林的朋友加入，也有偶然相遇的人分享自己經歷的自殺者遺族經驗，他們也向那些人講起伊芙林的故事。後來雖然旅行結束了，但伊芙林的家人坦言，他們並沒有感受到治癒和恢復的舒適感，但仍產生了變化，雖然還是很心痛，但現在他們已經不怕講出伊芙林的名字，或是分享對他的記憶。

為了談論伊芙林而去旅行的家人，在這段旅程中確認了他們心中存在的家人伊芙林，也重新積累家人間的記憶，因家人死亡而完全停滯的家庭歷史再次開始流動，他們也了解到，即使不刻意刪除逝者的名字，家人的故事也將會繼續下去。

會告訴別人他是怎麼走的嗎？

很多遺族都不會告訴那些來到葬禮現場的弔唁者，逝者的死亡是因為自殺，而會以交通事故、意外來帶過，然而連安慰都做不到的那種令人窒息的氣息，努力隱藏什麼的氛圍，令弔唁者立刻就察覺到死因並不是遺族所說的那樣。

有一名妻子向弔唁者說丈夫是死於交通事故，有人詢問了事故的情況，問她是發生什麼事故、受了多嚴重的傷、加害者是誰、加害者受到什麼懲罰以及領到多少保險金等問題。妻子說，這令她很痛苦，她只希望葬禮能趕快結束。雖然去弔唁時，不詳細詢問逝者的死亡原因和經過是一種禮貌，但總是有些人把消除自己的好奇心看作是更重要的事。

・
・
・

小瑛

除了比較熟的親友，我對外只說爸爸是因病去世，沒有告訴任何人爸爸是自殺。爸爸那邊有幾位親戚是在我驚慌失措時接到了電話，所以就如實說了出來，因為他們希望我能仔細說給他們聽。但等到我的心情稍微平靜下來之後，在葬禮上我就沒有告訴任何人了，我很強烈地覺得自己想要隱瞞這件事。

・・・

不僅在葬禮上，關於該不該說出逝者的死因，會在遺族生活中不斷出現。我們的社會很喜歡確認他人的家庭關係，每當升學、就業或認識某個人時，遺族內心都會產生糾結，不知道該說逝者死了還是說活著。如果說死了，那應該要說是自殺嗎？有些遺族會以逝者出國或從軍等方式來隱瞞。然而有些將死去的兄弟姐妹說成還活著的遺族，會遇到朋友說：「你姐唸哪個學校？我姐也和你姐同年耶！」這些對話會讓自己更痛苦。

有些葬禮會只告知直系親屬，在一天之內就簡單結束，然後對其他親戚謊稱逝者去國外唸書了，這些遺族會非常討厭節日，因為他們無法阻止逢年過節蜂擁而來的親戚，每次都必須捏造一些逝者無法從國外回來的理由，直到不知何時起，親戚再也沒有問起了，但逝者生前使用的房間仍被保留了下來，就像逝者從國外回來後馬上就會使用一樣，逝者既不是死也不是活，就這樣被關在自己的房間裡。

決定要不要說出逝者的死因是「自己了結生命」、要說到什麼程度以及要說的對象是哪些，都是非常困難的問題，有時候也有需要對家庭成員保密的情況，尤其是高齡長者或年幼子女。自殺者遺族沒有必要向所有人告知逝者的死因並進行說明。

韓國社會目前仍對自殺、自殺者、自殺死亡者家屬抱持誤解和偏見，因此，即使是用充分的時間以健康的方式哀悼逝者後，遺族依然認為，若當時沒有向親近的人隱瞞與逝者死亡相關的事，現在應該會過得更痛苦。

當然，我們沒辦法說哪種方法是正確或錯誤，但把事實公開有一個好處，就是不用再為了觀察誰對逝者的死亡有多了解而浪費心理能量，也不必擔心別人會把這個事實告訴身邊的人，最重要的是，只有親近的人知道這個事實，那些人才能夠給予遺族必要的支持與安慰。

・・・

小媛

其實我向朋友說了很多弟弟過世的事，因為當時我非常恐慌，說了很多次「我弟弟自殺了」，所以大部分朋友都知道，我也因此得到許多幫助和支持，讓我比較在意的反而是同棟住戶。

每當我搭電梯回家時，只要按我家的樓層，鄰居就知道是弟弟的家人，會露出一副認得我的樣子，但我也不能挨家挨戶去解釋，我到現在還是很在意，有一種如果知道是我們家怎麼辦的恐懼感。

我和新認識的人聊天，自然而然聊到家人時，也會想「我說這些安全嗎？如果說出來，那些人做出傷害我的反應怎麼辦？」如果我認為沒關係的話就會說，當然也有誤判過。弟弟剛去世時，我有種好像必須把一切都解釋清楚的義務，所以跟朋友說話時，有時會覺得「啊，我不該說出來的」，有時也會覺得「啊，沒關係」。久了之後似乎就漸漸可以判斷出當下的情況，以及可以和誰說這些事了。

另外就是說這些話時，如果對方露出同理的感覺，我就會感受到那份真心。當對方不會比我還先哭出來，或是透露尷尬的態度，而是以真心和我相處，我想起那個人，就會充滿了感謝。

・・・

有句俗語叫「你無法阻止鳥兒從頭上飛過，但你可以不讓牠在你頭上築巢」，無法如實承認逝者的死亡，就像是在遺族頭上搭建一個痛苦的巢穴，而是否要一輩子背負沉重的痛苦巢穴，這是任何人都不能強迫的。但有一點可以確定的是，遺族要一個人承受悲傷，是非常巨大且沉重的，我衷心希望大家不要只把死者定義為自殺者，也希望遺族身邊一定要有個能夠一起談論逝者的人。

別人的安慰

結束一段時間的休假後，要回到學校或工作崗位的遺族都有個共同的煩惱，就是「該以怎樣的方式面對大家？如果他們問一些我不想回答或無法回答的問題怎麼辦？」其實只要是有基本常識和禮貌的人，就不會去追問逝者的事，但總是會有些對於最低限度的常識和禮貌的標準有點不太一樣的人，我指的是那些以滿足自己好奇心為目的，而揭露他人私生活的無賴。另外，也有一些人是因為對自殺的無知和偏見而對遺族造成傷害，這些人沉醉在「給予巨大安慰的我」這種形象中，隨心所欲說自己想說的話，還希望他們會感謝自己。

當然，除了這些例外，大多數人其實都想為回歸的同事提供溫暖的安慰，只是不知道該怎麼做。就像擔心該以什麼樣的方式面對大家的遺族一樣，這些同事也擔心自己該說些什麼，不確定自己該裝懂還是裝傻，如果裝懂該說什麼才好，如果裝傻會不會又顯得太沒禮貌。看到這樣在自己身邊很不自在的同事，遺族也會感到壓力。

小敏和小晶的同事知道她們兄弟姐妹的死是自殺，小敏的同事什麼也沒問，以和以前一樣的方式對待她，也是在用這種方式安慰她；小晶的同事中則有幾位做出了一些不如不做的安慰。

・・・

小敏

回去上班前其實我有點害怕，因為我不想告訴大家，當時還是有些不曉得怎麼得知、前來弔唁的同事，所以大家都知道我的情況。要是我回去上班，他們會怎麼問我呢？如果問我：「還好嗎？」我該怎麼回答？但是真的回去上班後，卻沒有任何人問我，反而是輕鬆簡單地向我打招呼，什麼都沒問，我記得當時我鬆了一口氣。

小晶

我有向弔唁者說明姐姐怎麼走的，因為姊姊年齡太輕，我也很難找其他理由。很多同事都有來，但也有些我並不想讓他知道的人也來了，那些人說了一些很勉強的安慰，讓我很不舒服。例如在同事間的聊天群組發「妳現在沒事了吧？」的訊息給我，雖然我知道對方是出於好意，但表達方式有點令人厭煩，心裡嘀咕著怎麼可能沒事，即使能明白同事的真心。

・・・

有些遺族希望同事和身邊的人什麼都別問，像以前一樣對待自己就好，但也有人希望聽到溫暖的安慰，根據遺族的心態，想要的方式也有所不同。我想起曾參加自助聚會的人說：「我也不知道我想要什麼，想法每次都會改變，別人怎麼可能會知道呢？」此時最好把在那個時期感受到的混亂，原封不動地傳達給身邊的人，或具體說出自己的所需，例如「我也還沒有真實感，內心很疲累，希望大家暫時不要問」、「雖然可能很難，但我更希望大家能像以前那樣對待我」、「如果需要幫助，我會告訴大家，感謝您的詢問」，也有遺族說希望像發給孕婦的粉紅色徽章一樣，想戴上「哀悼中」的徽章。

如果不想得到安慰或是有會讓遺族心情不好的人，那麼遺族最好將自己先放入心理安全罩（psychological safety shield）中保護自己。尤其是當自殺這個主題出現在對話中時，以及對方對這個主題毫不在意或生氣時，遺族應該自己決定要直接忽視還是深入追究。如果決定不要做出反應，就要反覆告訴自己「那個人是為了讓我生氣才這麼說的，我在精神上早就準備好了，我可以用我想要的方式做出反應」，而如果決定開口，就該冷靜地向對方說明，對方是在哪個部分或哪句話激怒了自己，直接告訴對方：「你說的那些話不會讓我變好，我不想再聽了」、「我知道你在說什麼了，但我現在不想再討論那件事了」這樣的表達可能會有所幫助。

第二次聚會結束時

比起第一次聚會，這次大家似乎變得更自在了些。在不算長的時間裡討論了很多主題，並且沉浸在彼此的故事之中。她們分享了自殺後回到日常生活中的經歷、與家人談論逝者死亡、向他人告知逝者的死因或對他人給予安慰的想法。小敏說聽到其他參與者的故事後，知道了一些她從未想過的事，覺得非常高興；小瑄在上次聚會時，因為重新喚起從前的記憶而感到不太舒服，今天也自在許多；通常回答都很簡短的小瑛，今天說了很多故事，而這個變化是小晶發現的。

最重要的是，我很高興聽到小媛家人的變化，無論做什麼都無法撼動的那道沉重巨牆上似乎出現了小洞，陽光和風開始伸向小媛的家人，為了鑿出那個小洞，小媛過去三年進行了激烈的哀悼，父母則默默地守護了小媛，現在小媛一家終於可以用憐憫的眼光看著對方了。記得第一次諮商中，小媛說她想建立哀悼的家庭共同體，經過這段漫長的時光，這個願望似乎要開始實現了。

第 3 個哀悼之夜

練習輕鬆地說出他的名字

從「我的哀悼」轉向「你的哀悼」

第三次的聚會開始了。小瑛說和第一次聚會一樣，上次聚會結束後她又在洗澡時哭了。雖然只想記住爸爸好的模樣，卻忽然想起爸爸去世前很痛苦的樣子，破壞了她的記憶。

這一週以來的天氣晴朗到不像冬天，小晶說當她看到美好的天氣時，就會想起姐姐，想著如果能和姐姐一起享受這種天氣該有多好。面對今後將永遠無法和對方分享快樂與美好，有時也會讓遺族產生「我可以幸福嗎？」的想法；小敏上週回了老家一趟，聽到爸爸向她訴說他和媽媽的生活，彷彿是要小敏一定要記住。小敏感受到爸爸似乎也想聊聊哥哥的事，但小敏還在躊躇不前。

小媛說她拿弟弟的照片給來家裡玩的朋友看，自在地一起聊天。弟弟的相簿是小媛父親的哀悼過程，父親翻遍家裡所有的電腦，印出了所有能找到的照片。對小媛來說，向不是家人的人聊起包含弟弟在內的家人的經歷，已經不是難事了。

「和朋友們聊到弟弟時，我不會覺得弟弟是不在場的人，反而更感受到他是我的家人，就像是在向我朋友介紹外出的弟弟，透過這種方式，好像就能夠和朋友談起了。」

小瑄因為個人因素無法參加第三次聚會。現在就開始講述我們心中仍然存在的那個人的故事吧。

等我完成這六次聚會之後

總共六次的自助聚會現在正好來到了一半，小媛提議可以檢驗一下前兩次聚會，並制定一個六次聚會後希望完成的小目標。

．．．

小瑛

除了這個聚會，我不會和任何人談起爸爸的死，雖然也有過和朋友聊聊看的想法，但還是覺得有壓力，會擔心什麼時候該怎麼做，最後就覺得還是算了。我想放下爸爸的死亡，爸爸去世後，我一直努力記得爸爸好的地方，不好的只想忘掉，但現在我希望透過聚會理解爸爸本身、並學習接受爸爸的一切。

小瑛不會和任何人談起爸爸，對於已經習慣吞下感情的小瑛來說，要說出心中的痛苦更加困難，尤其是和媽媽在一起時，只要一提到爸爸，媽媽就會自顧自的用她的想法談論爸爸。參加聚會後，她才第一次開始好奇弟弟對爸爸的想法。弟弟和爸爸更親密，他好像知道更多小瑛不知道的爸爸，但最近弟弟太常喝酒，讓她很擔心。雖然小瑛努力回憶爸爸的事，但常在聚會結束後想起爸爸臨死前痛苦的模樣，所以小瑛希望在剩下的聚會裡，認真回想一下不願想起的爸爸，也想和別人談論爸爸。

・・・

小晶

我想把姐姐的故事整理成文章，但我現在還沒辦法面對姐姐的死，所以無法開始。我希望在六次聚會結束後，能開始做這件事。

・・・

小晶說如果是姐姐的故事，她好像可以講個幾天幾夜。在五名聚會成員中，她與逝者的關係最密切，一起相處了很長的時間。小晶比任何人都愛姐姐和依賴姐姐，雖然她無法理解姐姐不得不放棄人生的痛苦，但姐姐離開後，小晶重新感受到她原本不知道的姐姐的痛苦。每當這時，她就會陷入沒能為姐姐帶來力量的罪惡感。小晶希望有一天能整理出姐姐的故事，希望自己能記住姐姐開朗的模樣。

・・・

・・・

小敏

我第一天和大家分享了送哥哥離開當天和葬禮的事，覺得非常欣慰。那些問題若沒人問我，我也不會主動提，所以我希望剩下的聚會能和大家多聊一些只有我們才能聊的主題，也希望聚會全部結束後，能聊聊父母和哥哥的事。

在之前的兩次聚會中感受到，我似乎只把焦點放在哥哥為什麼死這一點上，幾乎是進行了深入調查。我一心只想著哥哥去世前三個月或前幾年的線索，卻沒有真正了解哥哥到底過著什麼樣的生活，聽著大家的分享，才驚覺為什麼沒意識到呢？所以我也想和父母談談這些。

・・・

小敏終於能開口講述關於那一天，她感受到的情感和想法。越是談論過勞自殺的哥哥，就越好奇哥哥的生活，但小敏對哥哥的了解並不多，因此也想和父母聊一些小敏不知道的事，可是小敏到現在還很難對父母提起哥哥，因此希望在聚會結束後，至少能夠和父母展開對話，任何話題都好。

要尋找「為什麼」這個問題的答案，卻只關注死亡前幾天和幾個星期內的線索，就會忘記那個人生活的脈絡，因此將視線從過世前擴大到逝者的整個人生，也是遺族的重要哀悼任務。

・・・

小媛

我認為弟弟的死是我們全家的失敗，一直怪罪父母，雖然我也覺得不該這樣，但對當時的我來說，這是一段不得不的時期，所以最近我想重新思考我們全家，也想釐清弟弟的死帶給我的影響。我最近才發現弟弟死後，我變得多害怕失去，更對人事物產生異常的執著，因此我想去思考弟弟去世後，他的死對我的其他關係產生了什麼影響，以及這對我來說具有什麼意義。

・・・

逝者的自殺讓家庭成員覺得好像是身為父母、身為子女、身為兄弟姐妹，甚至是身而為人，有哪個地方失敗了的證據，其他人也會這樣看待自己的家人，這會影響遺族的思考以及感受。小媛在弟弟過世後曾殘酷地埋怨父母，雖然怕媽媽也尋死，又對失去兒子的媽媽感到憤怒。爸爸的痛苦不在小媛的關心範圍之內，她也很氣爸爸，所以不想理解爸爸的心情。只是隨著時間流逝，現在小媛終於重新審視父母、自己與弟弟之間的關係。弟弟的死不能作為他們被視為失敗家庭的結論，這只是在家族史中發生了一件令人心痛的事，她也開始思考要如何重新書寫弟弟過世後的家族史。

曾有諮商者問：「要處於什麼狀態，我才算是沒事呢？」也常聽到：「這種痛苦要到何時才會結束？」的疑問。雖然每個人各有不同，但關於哀悼的各種理論中都有著共同的說法：接受與逝者的告別經驗為遺族自身經歷的一個人生事件，雖然記憶與談論逝者仍然會悲傷，但並不感到痛苦，最重要的是，遺族可以重新熱愛自己的生活，夢想未來。這種狀態不是隨著時間流逝就能達到，而是像現在聚在這裡的五個人一樣，重新談論、思考逝者以及逝者與自己的關係，才能艱辛地達成目標。

當人們提起「自殺」時

聽來哀悼諮商的人說，他們都是成為自殺者遺族後，才知道每天都有好幾則自殺新聞會出現在常用網站新聞上，電視劇也很常描寫自殺情節。我們在強調困難時很容易提起死亡，開玩笑說如果情況不妙就會自殺，或者叫別人自殺，但遺族無法把那些一聽就心碎的話語當作玩笑了。原本只是背景單字的「自殺」二字，現在卻成為無法忽視的全景，他們對談論自殺的人的態度變得敏感，抓住遺族的一切感官，每一個字都會嵌在他們心上，留下傷痕。

告別逝者後，重返工作崗位的遺族每當看到名人自殺的新聞，都會難以工作下去，因為旁人會開始以「那個人為什麼要死？」，然後用各自所知的淺薄資訊，隨意批評逝者的死亡，議論著「聽說有憂鬱症」、「聽說欠了債」、「聽說家人很糟糕」等，這都讓遺族難以忍受，會覺得別人也是那樣看待自己的，可是也不能嚴正要求他們別再說了，因為以前的自己，也是那樣。

・・・

小晶

姐姐過世前，我從來沒有意識到人們常開一些關於死亡的玩笑，但在姐姐過世後，那種話出現時我都聽得特別清楚，也讓我很受傷。有一天和同事一起吃飯時，電視上出現知名政治人物自殺的新聞。其中一位同事問：「他為什麼死了？」其他同事看了一下我的臉色，低聲說：「看來憂鬱症很嚴重啊。」試圖挽回氣氛。

那位同事卻繼續說：「要死的時候沒想到家人嗎？」

那位同事明明不是不知道我的情況，所以聽到這句話時我很生氣。當然，他不是針對我，而是自然地脫口而出，但我還是生氣地離開座位，眼淚也流了出來。

小媛

大家真的很容易說一些關於自殺的話，我也常常不知該怎麼應對，但讓我驚訝的是，有些會開這種玩笑的人，自己也很痛苦。雖然隨意談論自殺我覺得很無禮，但有些真正有自殺傾向的人好像也會說這樣的話，與其說是麻木不仁，不如說是對那個人來說，這是很有可能的選項，因為常常思考這些，才會變得看似不在乎。

小晶

有一次和朋友聊到股票和虛擬貨幣之類的投資話題時，一位朋友開玩笑：「反正沒投資好的話，就去跳漢江啊，今天漢江的水溫暖嗎？」我認為這真的不是該對我說的話，沒想到那麼了解我的人也會這樣，這點真的讓我很傷心。

小媛

我看弟弟通訊軟體裡的對話，弟弟就跟他們一樣，常開一些自殺的玩笑，我還看到他傳了「啊，今天吃完飯後去自殺吧」摻雜著髒話的訊息，但是弟弟後來真的那樣做了。但弟弟講那句玩笑話時，有一位朋友說「不要真的去死」，我覺得很感謝。

・・・

小媛對朋友會說出「自殺」或「試圖自殺」等話感到恐懼，如果遇到說出這種話的朋友，她會無法保持警戒和冷靜，為了幫助他們就立刻跳進去；小敏非常關心像哥哥一樣被工作折磨、獨自生活的單身男性的身心健康；小瑄為了幫助像弟弟一樣患有憂鬱症的朋友而努力；小晶一遇到開口閉口就是自殺的人，會神經緊繃到生氣，雖然也想不在意，但總覺得好像在隨便談論自己的姐姐。遺族會對於可能再次遇到某人自殺而感到不安。

學校或職場都會以尊重生命教育為名進行自殺預防教育，內容就是察覺自殺警告訊號，直接詢問是否有自殺意圖，就可以使想自殺的人得到適切的幫助。這是專注於發現或發掘自殺者的自殺預防教育，但我對於他們沒有顧慮到遺族的立場，一味強調「自殺是可以阻止的」感到很遺憾，因為稍有不慎，就會把遺族變成沒能守護生命而應被指責的人。

從韓國的自殺率來看，在任何集體教育中，都有很高機率遇到生命經驗中因自殺而失去某人的聽者，但有些講師甚至擅自補充說明「如果有勇氣去死，那就用那份勇氣活下來不是更好」這種話。雖然遺族也該接受隨時有可能遇到隨意談論自殺的無禮者這個事實，但我真心希望社會能稍微了解到，大多數人都對自殺或死亡的事漠不關心。

關於「自我了結生命」的心情

無論是認為自殺是「對的」、「錯的」或抱持「可以理解」、「無法理解」，甚至從未思考過自殺的人，在經歷自殺別離後，幾乎都不得不開始思考「為什麼」會選擇自殺。

・・・

小晶

我曾經想過，臨死前究竟是什麼樣的心情？姐姐過世前，我一直認為人不會輕易就自殺，自殺是一件不好的事。但是姐姐走後，我第一次想著「為什麼不能自殺？」

看到許多自殺相關報導下面的留言都會說：「留下的家人怎麼辦？」但那是為了家人設想，而不是為了當事人。會選擇死亡的人，就是認為死了比活著更好，才會做出這樣的選擇，既然如此，那為什麼不能死呢？我不知道人有不該選擇死亡的義務。

當然這不表示我會想去死，只是好像不該只勸當事人考慮他人而活下去。創造生存理由，讓他們去思考不選擇死亡的可能，如果有充分的理由活下去，不就能預防自殺了嗎？我到現在還沒有找到正確答案，真的不太懂，為什麼大家都只會叫當事人不要死。

小敏

我的想法也差不多，雖然出生不能按照我的意志選擇，但我認為死亡是可以由當事人來選擇的。每個人都會有想死的理由吧，選擇自殺的人是覺得死比活著好，才會選擇自殺的，所以不該輕易在想要自殺的人面前說「不要死，自殺是不好的」這種話。如果我不能負責那個人的人生，也不能減輕他的痛苦，那麼當對方問：「我為什麼不能死？我為什麼要活著？」時，我實在是無言以對。

不過哥哥死後，我有了新的想法，我想哥哥在自殺前應該沒有考慮過留下的人會有多痛苦，我站在被留下的人的立場上想說的是，真的沒想到會這麼痛苦，實在是太難受了，因為我現在知道有多痛苦了，所以會想再鼓起勇氣勸阻一下想自殺的人，希望他們能再多想一下。

小媛

弟弟走後，有一段時間我每天都在腦中模擬弟弟是怎麼死的。看著他手上的痕跡，會想著要留下那樣的痕跡，到底是割了多少次腕？他在陽臺那裡徘徊了多久？他那時到底在想什麼？他是多麼沒有選擇餘地才會這麼做？我腦中浮現了無數想法，但似乎也不曾埋怨弟弟，反而對自殺產生了這樣的想法：就是因為真的不知道遺族會體驗到的痛，他才會選擇死亡吧。我也常想，如果我也承受著弟弟死前那種如被火燒的痛苦，會不會也乾脆就去死？但是弟弟走後，我反而不想自殺了，因為弟弟離開後，我非常痛苦，我不想為別人帶來這樣的痛苦，所以我想現在的我，已經沒有辦法結束自己的生命了。

‧‧‧

隨著與逝者告別與哀悼的過程，人們對自殺的看法也不斷在改變。

一位丈夫自殺的妻子說，她沒有辦法阻止在颳著狂風的寒冷冬日凌晨裡，執意推開那扇門奔向死亡的丈夫。丈夫去世後，妻子說自己仍然正常地和家人一起吃飯睡覺，但她只要一想到夜晚躺在自己身邊，準備著凌晨要離開這個世界的丈夫，就會非常生氣，有種遭到背叛的感覺。妻子認為丈夫只是為了結束自己的痛苦，卻沒有考慮到被留下來的人將遭受的痛苦，是一個利己主義者，但在丈夫離世三年後，她開始覺得，現在已經無法求助的那個人的留戀與孤獨，也很讓人傷心。

我們常對遺族說：「你沒有做錯什麼，這是那個人的選擇。」但這不過是一個不需要負任何責任的人簡單輕鬆的安慰。所謂自殺，是遺族如同故障的機器般，反覆走向逝者死亡的那條路好一段時間後，才能勉強理解的事。其實人們也知道，在把自殺當作死亡，而不是以自殺來理解，只是一種卑鄙的辯解，是活下來的人為了生存而合理化自殺的一種方式。

自殺者遺族通常被歸類在「自殺高危險群」，對於那些不斷發生自殺事件、試圖自殺，自殺率是好幾倍的自殺者遺族，我們要做的是幫助他們不要選擇死亡。我見過許多不知道該怎麼活下去、不知道為什麼要活下去的遺族，但比起積極求死，更多遺族只是感到自己的生命停滯也無所謂，或是失去活下去的意志，但是若能在三個月內進行哀悼諮商的話，就能讓遺族對接下來的人生產生一些想法，幫助他們好好活過今天，好好照顧自己。

整理他留下的東西

當我們的肉身變成一堆灰燼時，會被裝進骨灰罈，其他東西卻會留下來。我年近八旬的父母常說：「死後東西也帶不走，我該把那些東西都丟掉，否則都只是無謂的負擔。」但那些東西依舊亂七八糟地堆積如山，甚至還加上了新的東西。那些說著「不管今天走還是明天走都不奇怪」、彷彿看透生死的老人們，對於整理自己的人生、為死亡做準備這件事，似乎依然想要逃避。

有些自殺者會從死前兩、三個月開始，把自己的物品分贈給身邊的人或處理掉，這種行為也包含在自殺事前警告訊號中的「行動」訊號項目裡。但大多數自殺者只會留下一切生活痕跡，只用「特效」將自己清除。遺族已經在火葬場裡確認那個人已成為骨灰，但逝者常穿的衣服、床鋪和電腦，沾滿逝者味道的物品、抽屜裡的零食、最後做好的飯菜、卡著滿滿頭髮的梳子，或是看到逝者昨天還使用過的牙刷，都讓遺族很難接受那個人已經不在的事實。

面對意想不到的告別，遺族要決定留下什麼、丟掉什麼前，需要很長時間，有時候甚至完全沒有整理，就繼續過生活。有些遺族會說：「要是整理那些東西，就好像真的承認那個人死掉了，我現在還沒有辦法。」或是覺得這些東西還留有那個人的味道，所以無法丟掉。

由於在住宅內自殺死亡的比例較高，有些遺族甚至會因為無法回到那個家中，而忽然決定搬家。曾經有位遺族的哀悼諮商主題，就是打開原封不動放在搬家紙箱裡的逝者遺物。

・・・

小媛

某次工作開會時，有一個人說他快要結婚了，急著找房子，但找到的房子特別便宜，就去打聽了一下，結果才知道那個家裡有人自殺過。對方大概不知道我是自殺者遺族，但我沒辦法理解不考慮到離開的人，急著把房子便宜賣掉的心情，我覺得那樣很無情，但同時也產生一種複雜的想法，認為這麼做好像也情有可原。

小晶

我加入過姐姐生前住的那個新市鎮的討論群組，想嘗試搜索看看有沒有人提起姐姐的事。姐姐去世後，我有一段時間非常傷心和混亂，但過了一段時間，我心想著姐夫離開那個家之後，應該會有人來租房子，但如果姐夫因為沒人要租而怪罪我們怎麼辦？姐姐出事前，我也會對其他房子說一些「那個房子有鬼」、「那房子不乾淨」、「有人自殺耶」這種話，我也是很雙標，變成姐姐時，我就覺得我姐姐也是活得好好的然後死去而已，應該沒關係吧，她不是在埋怨這個世界，只是因為自己太累了才選擇離開，所以這個房子應該沒關係吧。

小敏

我是因為別人和我的心情不一樣而覺得傷心，整理遺物時，我很快就把哥哥的東西整理好了，我對媽媽說：「很多東西都好好的，我們要送給誰呢？」媽媽卻對我說：「那是我們單方面的想法，收到的人會覺得不舒服，所以不要拿去送人。」

我想了一下，覺得媽媽說得沒錯，要是我也會覺得不舒服，但另一方面，這些對我來說是很珍貴的東西，對別人卻變成了令人不舒服的東西，我覺得有點失落。

小媛

我常常穿弟弟的衣服，剛開始會想很多，擔心要是丟掉這些衣服，會跑到哪裡去？只要一想到別人穿弟弟的衣服，就覺得不舒服。但我媽也不喜歡我穿弟弟的衣服，雖然不知道原因，但她會露出討厭的表情。可是我喜歡別人稱讚弟弟的衣服很好看，這樣我就能自然地聊起弟弟。有人把死亡分成兩種，說有些是好的，有些是不吉利的，我不喜歡這種二分法，人都會死，我不想用死亡的方式判斷弟弟的死是好是壞，也許是因為這樣，我才更想穿弟弟的衣服。

小敏

我一開始就很自然地繼續使用哥哥的遺物，只有家人不需要的東西才處理掉。哥哥有一些很溫暖、材質很好的衣服，我就留下來自己穿，反正我以前也會搶哥哥的好衣服來穿。哥哥還留下了很多可愛的玩偶，我帶了一個材質柔軟、摸起來心情很好的玩偶放在辦公室，也會對了解我情況的同事說這是我哥哥的。對我而言，哥哥的遺物完全不會讓人覺得不舒服，當然在用這些東西時，偶然想起哥哥，還是會有些傷心。

小瑛

我也常穿爸爸以前的毛衣，但我弟好像就不太一樣。我在爸爸去世前，幫父母買了一樣的羽絨外套，爸爸沒穿幾次，幾乎是新的。爸爸其他衣服大部分都處理掉了，那時弟弟的羽絨外套太舊了，我就叫弟弟穿那件羽絨外套，可是弟弟不怎麼喜歡穿。

・・・

在一個家庭裡，有的人會因為看到逝者的痕跡而難過，因此想全部清除乾淨，也有人希望能夠睹物思人，也有像小媛、小敏或小瑛一樣，想把逝者的東西放在身邊使用。就像家庭每個成員的哀悼反應和過程都不一樣，對遺物的想法當然也不一樣。

對於遺物，通常遺族最後悔的方式就是讓人代替自己處理掉全部的東西。曾有一位丈夫告訴我：「我在妻子葬禮結束後，有一陣子沒辦法回家，回來後卻發現岳母把妻子的東西全都丟掉了。雖然我知道她是希望我能趕快忘掉才這麼做，當時也很謝謝她，但隨著時間流逝，現在沒有什麼東西能讓我懷念妻子，我覺得很遺憾。」如果很難立即做出任何決定，也可以留些時間慢慢思考，要把東西送走當然也需要時間。但要記得，我們總有一天要以遺族的方式來整理逝者的遺物，逝者生前不能帶走的，也不能就讓它維持原樣，東西會老舊，而且即使把逝者的東西放在那裡，也無法填補那個空位，失去逝者的悲傷是遺族一輩子都要肩負的重擔，而且這個擔子也許永遠無法放下。

網路世界裡，他留下的痕跡

當通訊軟體裡的內容還沒來得及備份，逝者的對話全部消失時，有些遺族會驚慌失措。或是當看到對方的帳號被一個陌生人取代，就彷彿像再次失去逝者般痛苦。

・・・

小敏

我哥哥把遺書寫在自己的通訊軟體帳號上，當時看過遺書後，手機就一直放在那裡。後來我要重新登錄帳號，卻登錄錯誤，最後不小心退出了那個帳號，我很慌張，因為哥哥生前的紀錄全都在那個帳號裡。

其實我們大多數人也是一樣，哥哥沒有固定寫日記或文章的習慣，所以對話紀錄就是最真實的東西。一想到看不到那個，我就崩潰了，後來也在煩惱是不是要找店家幫忙找回帳號裡的內容。

小晶

我去姐姐的手機門號公司解除了她的號碼，但有一天姐姐的通訊軟體帳號突然不能顯示了。媽媽知道後很驚慌，我們無論如何都想解決這個問題，但也不知道該怎麼做。後來才知道是因為別人拿到姐姐用過的號碼後重新註冊，姐姐的帳號當然就被停用了，我的朋友清單裡還出現了新朋友。

我本來以為只要得到對方同意，拿到號碼後就可以重新拿回帳號，後來卻聽說需要一個月的時間。也就是說，如果那個人願意取消帳號並解除號碼，要在一個月內沒有任何人使用那個號碼，但是帳號十五天後就會消失。但這是唯一的方法，所以好不容易才拜託那個人，連號碼都請對方解除了。這時我在聚會上遇到小媛，她知道如何拯救通訊軟體帳號，幫我解決了這個問題，還教我用海外電話號碼來維持帳戶，最後在帳號消失的兩三天前，奇蹟般地把帳號救回來了。

小敏和小晶想要原封不動地保留逝者通訊軟體的對話內容，小媛也嘗試過各種方法，最後在帳號消失前，用海外帳號打開了弟弟的通訊軟體，讓弟弟的訊息得以保留，不過手機號碼還是消失了。儘管保存下來不代表會時常去看，但如果是關於逝者的東西，比起整個消失的迷茫，不如保留著但不看。雖然每個遺族對於備份訊息的想法不一樣，但也會有需要一起思考的問題。

・・・

・・・

小媛

其實站在逝者的立場，是否希望自己的通訊軟體被家人永遠保存呢？那還真是不一定。從遺族的角度來看，雖然會想留下逝者最後的一切和可以回憶的東西，但該怎麼說呢？這是值得思考的問題。

小敏

確實如此，因為裡面不只有家人的對話。但從我的立場來看，哥哥帳號裡的對話內容，對於推測哥哥死亡的原因很有幫助。

小晶

我和姐姐常常閒聊，也會分享搞笑的東西，在網路上看到有趣的東西想傳給姐姐看時，忽然想到「啊，現在她不在了」，又覺得很傷心。我現在看著和姐姐的對話還是會笑個不停，那些對話讓我感覺姐姐似乎還在我身邊。

・・・

如果逝者生前常使用Twitter、Facebook、Instagram等社群軟體，遺族就會更加苦惱，要如何處理網路上留下的逝者照片和文章。根據與逝者的關係，對於留下社群軟體資料的立場會有些不同。有那種在逝者痕跡消失前，用盡各種辦法保全的遺族；也有害怕在網路上面對仍然活著的逝者，乾脆把帳號退出的遺族；有時候除了自己，也會有些記得並追悼逝者的人找到逝者的社群帳號，並留下文字安慰，或是從逝者留下的社群內容來尋找線索。這都沒有正確答案，想刪就刪，想逃避就逃避，但若是放任不管，必定會後悔。

Facebook和Instagram透過「紀念帳號化（Legacy Contact）」的功能，要求用戶預先選擇當自己死後要如何管理這個帳戶。我們都不知道自己的生命何時會結束，如果正在讀這篇文章的你是認真使用Facebook和Instagram這些社群軟體的人，就設定好「紀念帳號」的功能吧。如果用戶想要保存，就會留下「紀念帳號」，想要關閉的帳號，則會在經過死亡申報後被永久刪除。

韓國入口網站 Naver也針對已逝者的帳號採取「數位遺產相關政策」的方式進行管理，如果一年以上沒有登錄，就會轉為休眠狀態，但部落格上的資料不會被刪除。韓國社群軟體Kakao Talk、Kakao Story則會在遺族提出要求時，處理逝者的帳號。沒有特別要求，且在一定時間內沒有登錄的帳號就會轉為休眠狀態，Kakao帳號在轉為休眠帳號五年後，所有個資和內容都會被刪除，需要特別留意。

第三次聚會結束時

在這次聚會，我們談到關於自殺的心情和逝者留下的各種痕跡。自殺學（Suicidology）創始人兼長期研究自殺者心理的臨床心理學家埃德溫·S·許奈德曼（Edwin S. Shneidman）博士表示：「自殺是內在對話的結果。」我們的心會探索那些可以選擇的東西，選項裡雖然有自殺，但一開始可能會先拒絕，接著再次看到自殺，發現自殺就在那裡，接著再次拒絕，到最後自殺被選擇為最終解決方案後，就會計畫自殺，讓自殺被定為對於痛苦的答案。

自殺是停止「無法忍受的痛苦」的精神過程，除此之外，留下來的人其實什麼都不知道，只能試圖走進逝者的心，衡量他經歷的痛苦，但也可能無論如何找尋都無法得知。儘管如此，遺族仍然應該去摸索逝者經歷的逆境。這條路沒有捷徑，而我就是那條路上陪伴在遺族身邊的同伴。

如果與逝者告別的時間不長，他們會先考慮處理掉逝者的東西，因為大部分人光是看到這些東西就很痛苦了，根本無法靠近。然而當他們能夠將逝者的死視為現實，停留在逝者人生的最後，那麼遺族的視線就漸漸可以看向逝者的生活，產生看向遺物的勇氣。因此，若我們身邊有人想保留逝者的東西時，請不要催促他們「快點整理好遺物，忘記一切吧」，最好的方法是聽聽當事人無法整理遺物的理由，如果還不想承認死亡，就表示需要時間，如果想整理卻沒有勇氣，那麼最好先考慮要留下什麼，要處理掉什麼，有時在這個過程中，遺族就可能會開口說出自己必須記住、或不想記住的。

第 4 個哀悼之夜

如何對我的未來產生勇氣

擁有「什麼都不做也沒關係」的從容

一見面，我們就告訴上次沒來的小瑄，我們在第三次聚會聊的話題。小瑄的生活突然開始忙碌起來，小晶也快要回到工作崗位了，她聊起自己最近很認真在照顧姐姐留下的小狗，也許是因為想到小狗陪著姐姐走了人生的最後一段路。

小媛一家在弟弟離開後，似乎也只有小狗是還活著的生命，他們很專注地照顧小狗，託小狗的福，家人會聊聊小狗的事。小狗常會跑進弟弟的房間，聞弟弟遺留下來的體味，可說是小媛家中最積極想念弟弟的家人，也讓其他家人感受到弟弟一直存在著。

小敏剛開始參加聚會時，會一直記筆記，上次聚會卻放下了筆，完全專注在大家的故事裡，這個星期她過得有點舒適又慵懶，讓她感到有些內疚，以前總覺得不為哥哥做點什麼不行，現在才終於學會有一些什麼事都不做的餘裕。

在我們聊著過去一週做了些什麼時，一直都顯得最不自在的小瑛，這次沒有再重複「每天都一樣」這個答案，而是說自己和媽媽去看了場電影；小媛還說，感覺自己心中關於自殺與死亡的敏感按鈕似乎消失了。

・・・

小媛

上次聚會，我們討論了怎麼接受自殺這樣的死亡方式，我以前在學校上心理健康相關課程時，也談到精神障礙和自殺，那時我的心感覺就快要爆炸，非常疲憊，但上次聚會也聊到了類似的事，卻不像之前那樣痛苦，反而感覺很平靜，對其他人的故事也都能理解。

我思考了一下其中的差異，也許是我們都有共同的經驗，都經歷過類似的痛苦，能互相理解，產生了信任感。我也發現自己似乎可以比較輕鬆地接受死亡這件事，不是要說這樣是好是壞，只是感覺經歷了很多事。

弟弟過世至今已經第三年了，原本經常會感受到以不同的方式被觸動的內心按鈕，現在似乎消失了。

・・・

大家都能理解彼此經歷的痛苦，並且相互帶著信任感，展開了第四次聚會。

他走後的第一個忌日

開始進行哀悼諮商前，來訪者需要填寫一張不太長的問卷，詢問與逝者之間記憶特別深刻的日子，例如生日、結婚紀念日、聖誕節，兩人或家人的紀念日等。

當紀念日逐漸接近，從幾星期或幾個月前開始，遺族的情緒就會開始起伏不定，甚至再次陷入到那天，有些原以為自己好多了的遺族，會對這樣的狀態感到絕望。明明還像是昨天的事，卻已經過了一年，或是感覺已經很遙遠，卻又想到才過了一年。在逝者死亡後，遺族的生命時鐘已經與以往不同了。

前進一步，後退兩步是很正常的，就像潮起潮落，我們正在慢慢通過這個過程，並且互相鼓勵，面臨第一個忌日的遺族心情都會非常複雜，我想我甚至可能無法完全理解那種心情。有些遺族會覺得不如來認真的準備祭祀。「採買、準備、做飯、收拾……一直有事要做，就不會去想別的了。」

被留下的人對於第一個忌日的態度也不一定一樣，有些人會希望在第一個忌日，全家一起做點什麼，也有人不願想起那天，或是還沒接受逝者的離去，比起紀念死去之日，更想記住生日。由於心境不同，想記住的人可能會埋怨不想記住的，不想記住的人也會覺得一定要提起的人很無情。

來哀悼諮商的遺族中，最多的是與逝者離別約兩到三個月的人，因此第一個忌日總是成為重要話題。「我該做什麼呢？」、「其他人都是怎麼度過的？」這些都是常見提問。其實首先要思考的是，遺族是想一個人待著、還是希望和誰在一起；除了家人，還有沒有想要告知逝者忌日、一起紀念的人；在這一天，是想像平時一樣過生活，還是想請一天假好好休息。

有時雖然想和家人一起度過，卻不知道該如何向家人說，也不知道在什麼時機講比較好，但是家人之間通常都是同樣的心情，都希望有人先開口問：「忌日那天要怎麼過比較好？」

我都會告訴遺族，比起忌日當天，等待忌日來到的時間比較痛苦，但到了當天，有時會和自己擔心的不同，可能會很輕鬆地度過，此外，忌日並不是「記住逝者自殺」的日子，而是「記住逝者這段人生」的日子，常有人對第一個忌日賦予重大意義，期待這個時間點過後就會有什麼改變，但第一個忌日固然重要，也不是每個人過了一年就能馬上好起來，更何況忌日每年都會有，就算不是第一個忌日，每次面對這天來到時，仍會是痛苦的時間。

我想起和小媛一起度過的第一個忌日。與逝者離去那天一樣，忌日那天吹起相似的秋風，這讓小媛非常痛苦，哀悼諮商時，我們決定一起想想怎麼度過忌日。小媛說她想再去一次火葬場，因為那時最讓讓小媛痛苦的場面之一就是在那裡。火葬場裡有一條短短的隧道，要走過隧道才能進入，似乎以此將活人熙熙攘攘的空間和死亡的空間相連，進入一個完全不同的世界。

當逝者已成為死去的軀體，遺族和已身處其他空間的逝者一起走過這個隧道時，是什麼樣的心情呢？如果是毫無準備而突然面臨的離別，應該會覺得更不真實。我和小媛在忌日那天來到這裡，一起走了小媛曾走過的路，此外，還去了當時沒有去的追思園後的小公園。

「沒想到這裡這麼漂亮。」小媛說。其中一面牆上寫著給逝者的追悼文字，小媛在那裡待了很久。「老師，這位應該是自殺者遺族。」

在密密麻麻的哀悼文中，小媛找到的一句話是這樣寫的：「真的很對不起，我沒想到會那麼痛苦，我很抱歉。」

這是在哀悼諮商與聚會中，遺族最常說的話，我想應該不是逝者的父母寫的，可能是兄弟或好友。我心想，雖然可能不會馬上改變，但希望小媛不要做有關這裡的噩夢，幸好後來小媛就好多了。

忌日到來時，可以像小媛一樣去探訪與逝者死亡相關的任何地方，尤其是自己一直逃避、或一直折磨遺族內心的地方，但最好是為了向逝者表達尊重或哀悼而去，或是為了理解逝者發生了什麼事而去。

此外，在前往之前，一定要先設想狀況，想像一下自己去那裡會有什麼情緒反應，需不需要承擔什麼風險，在那裡想要說什麼或做什麼？如果在那裡發生意想不到的狀況，如何讓自己平靜下來？此外，也要好好考慮和什麼樣的人一起去，才能得到幫助。

寫在遺書中的，以及沒寫的

桌上擺著丈夫用四張A4紙密密麻麻寫下的遺書，裡面都是自己平常負責的工作整理，像是什麼東西要去哪裡買，什麼東西到時候要換哪個等等，妻子一想到丈夫臨死前還冷靜地一條一條寫下這些，就非常生氣。

「那麼擔心的人幹嘛跑去死啊？」於是妻子把遺書留在警察局。

・・・

小晶

姐姐從五月中旬就開始用手機寫遺言了，那時還有很多搜尋自殺和死亡的紀錄。遺書好像是在死前照著手機備忘錄記的用手寫下來，字體有點……該怎麼說，情緒激動嗎？總之內容和備忘錄幾乎一模一樣。

小媛

弟弟的遺書不長，只有短短幾句，但按照讀的人不同，有可能覺得正面，也有可能感到消極，但可以確定的是，他並不是非常討厭或責怪某個人而死的。

・・・

根據二〇一五至二〇一九年，中央心理解剖中心進行的心理解剖結果報告顯示，有寫遺書的自殺死亡者約占整體自殺死亡者的百分之四十六・五。針對遺書內容的多重回答分析結果顯示，最多的是寫給「家人、朋友及熟人的個人訊息」，接著分別是「自殺原因」、「後事處理」與「自殺後的遺體處理」等。一般來說，自殺死亡者中約有百分之二十五到三十會留下遺書，但由於心理解剖者的樣本特性，其中留下遺書的比例較高。

根據遺書的內容，對遺族的影響也有所不同。而逝者被死亡的強烈衝動所束縛時，其意識狀態也與平時截然不同，有些遺書會顯得邏輯前後不一致，或是很冗長，也有些遺書會寫下遺族想要知道的「為什麼」這個問題的答案。此外，也會有內容不明所以的遺書。但最重要的是，遺書反映了逝者在死亡前或開始思考死亡的精神狀態，而非說明逝者一生大部分時間的所有事，無論是什麼樣的遺書，都很難概括逝者決定結束生命的決心或一切理由、想法、感情。

有時，遺族會對逝者沒有留下遺書而感到鬱悶或埋怨，但其實突然產生自殺衝動的人，大多不會思考到家人或其他人，逝者當下已經陷入無法擺脫的無力感，並且認為能夠擺脫痛苦的唯一方法就是死亡，才會做出結束生命的決定。實際上，試圖自殺後獲救的大多數倖存者證詞也是如此。我在哀悼諮商時，常看到遺族在哀悼過程中，在不同時間點對相同的遺書內容進行不同的解釋。

例如妻子為了參加心理解剖，重新拿回丟在警察局的丈夫遺書，但與剛開始不同，這位妻子開始解讀遺書，「原來丈夫在那一刻也想著我們。」這是從她逐漸願意去理解丈夫在死前經歷的痛苦開始的。

如果遺族把遺書內容想得很特別，就有必要談談他們如何解釋和接收那些內容，讓遺族理解逝者死前的心理狀態，不要把遺書當作左右自己餘生的一切，被如千金般沉重的話語束縛。

遺書只能代表逝者生前的最後一章，只能表示在死亡前逝者的心情是如此，遺族一定要明白這一點。

情感的過渡期

眼神空洞，動也不動，雖然偶爾也會露出淡淡的微笑，或平淡地談論當天的事，卻好像在朗讀報紙一樣事不關己。別說是激動的心情了，根本連一滴眼淚都掉不出來，這就是連去感覺失去了什麼的時間都沒有，就已經必須來哀悼諮商的人的模樣。遺族與逝者告別後，不會馬上感到「悲傷」，悲傷是一種對失去重要的東西、目標或未能實現的情感反應。悲傷是向別人傳達自己的需要，希望得到關愛和連結的一種情感。和一般人想的不太一樣，遺族通常需要很長的時間才能達到「悲傷」這種理所當然的感情，然後才能完整感受悲傷的情緒。

在逝者離世三個月內來哀悼諮商的人，通常看起來像是不知道該為什麼而悲傷，他們還沒有理解發生在自己身上的事，也沒有意識到自己到底失去了什麼。雖說沒有什麼既定的順序，但離別後通常最先開始感受到的反而是埋怨、憤怒、不安、恐懼和罪惡感，這些情緒會像火一般燃燒。我們就要試著將這些情緒一個個摘下來，告訴自己這是不安，這是恐懼，這是怨恨，在為這些情緒命名的瞬間，情感的模樣就會跟著改變，他們會在「精神好像不在正常狀態」的情況下維持好一段時間。

・・・

小敏

想到某個人可能會突然就這樣死去，我受到很大的打擊，忽然覺得家人、朋友都可能在某個瞬間離開，真的很恐怖，這讓我非常不安。

・・・

小媛

我也覺得，會開始認為家人不安全，有可能會再次面臨某種危機，所以無論如何都想和家人待在一起，但真的一直待在一起時，又感到窒息且痛苦。

・・・

有的遺族會因為深夜裡窗戶上的蟲子發出的細微聲響而害怕，走到熟睡的孩子房間確認安全。因為認為隨時都有可能再次面臨死亡，覺得日常的一切都在威脅著生命。就像對想尋死的人來說，身邊的一切都能成為死亡的事物。

尤其在身為經濟支柱的家長死亡後，留下來的孩子和妻子面臨「生存」的威脅，時常會陷入自殺、害怕和恐懼之中，然後想起在太平間最後一次見到丈夫一臉安詳的模樣，想著逝者為了自己得到安息，卻讓遺族陷入痛苦，隨之而來的就是憤怒。接著，要在沒有逝者的情況下獨自面對一切，也會開始不安，想到自己再也無法獲得幸福了，又更加不安。

在不斷提起，不斷訴說之後，糾結的情感會逐漸解開，發現自己的憤怒是因為某事，不安則是因為恐懼的「開始」在這裡，「結束」卻在那裡，才會感到痛苦，此時遺族才終於感受到悲傷湧上心頭。完整的悲傷隱藏在痛苦、不安、恐懼與憤怒背後，不容易接近。遺族很難獨自走過這段過程，因為人通常會假裝沒有這種感情，或在找不到出口的情況下將那些情感藏在深處，尤其再加上罪惡感時，更是如此。

如何看待我的罪惡感？

在心理學上，「罪惡感」被解釋為情感上違反了道德與價值觀，因此會取消或修正自己行為的一種感情。人們為了減少罪惡感，就必須原諒自己或彌補做得不夠好的部分。逝者離開後，遺族感受到的罪惡感正是束縛他們、讓他們寸步難行的情感，因為逝者的死並不是他們取消或修正自己的任何行動，就能夠挽回的。

・・・

小晶

仔細回想起來，其實姐姐還活著時就覺得她可能哪天會去死，所以總是很不安。從小姐姐就因為父母關係不和睦而不安，又經歷了很多讓她受傷的事，但她還是很努力想活得開朗一點。不過，她滿常說自己想死，從小就這樣，到高中、大學都是如此。姐姐痛苦時，我也知道她很辛苦，但我好像是不願意面對吧，也不想太費心思，所以我對於沒能在姐姐痛苦時陪著她，感到很大的罪惡感。

・・・

小晶對於明知姐姐很痛苦，卻還是旁觀的自己感到莫大的罪惡感，她自責自己太自私。

・・・

小瑄

妹妹很痛苦時，我沒有和她住在一起，所以沒有太多交流，但有一天妹妹打給我，就像問什麼哲學問題一樣，問我必須活下去的理由是什麼之類的。當時我只反問她幹麼問這個，並沒有理解妹妹的話。我最後悔的就是只告訴她：「我們也有很多值得感謝的事啊。」要是我當時再多問一下、再多聽她說會如何呢？我一直很後悔也很自責。

那時妹妹幾乎都是媽媽在照顧，要是妹妹向我說那些話時，我能發現什麼就好了，但我真的一點都不關心她，一直自私地忙於自己的生活。從某種角度來說也可能是不想面對吧，想說時間久了應該就會好，我就這樣安慰自己，一直逃避。

・・・

小瑄和小晶類似，因為沒多關心妹妹疲憊的心，只按照自己的想法回答和思考，覺得自己逃避面對妹妹，因而產生罪惡感。

・・・

小敏

我的罪惡感不太一樣，反而更像是責任感和使命感，覺得不管發生什麼事，都要找到我能做的去解決。面對哥哥的死，我也認為不能讓他白白失去生命，一直想著我要做點什麼，如果不這樣，就會有罪惡感。

・・・

在小敏的人生中，哥哥對她並不是那麼重要的人，因此小敏並沒有對於自己原本可以做些什麼來阻止哥哥的死亡感受到太大的罪惡感，她更遺憾的是自己沒能對哥哥說一些安慰的話。但小敏產生了另一種罪惡感，就是如果不做點什麼，心裡會過意不去。小敏認為應該寫文章訴說哥哥的死，讓更多人知道關於過勞自殺的事，也是出於同樣理由。她想幫助與哥哥有相似情況的人，以彌補當初沒有這樣做的罪惡感。

我們遇到意想不到的衝擊性事件時，就會產生試圖理解這些經歷的欲望，並思考原因。這件事從何而來，是因為誰而發生的，「追究責任」是人的自然本能。遺族在死亡事件發生後，常被各種情感籠罩，罪惡感更是長期折磨遺族的一種情感，他們會時常想起自己應該或不該做些什麼來阻止逝者的死，而且就像在舞臺上打開照明燈一樣，會把那一瞬間放大，而其他脈絡都被困在黑暗中。

所謂特定瞬間的行動是從死亡前幾天、幾個月前發生的事，一路擴散到逝者出生到死亡前的所有時間，有時遺族會認為一切責任都在自己身上，或從逝者身邊尋找合適的人物，當作怨恨的箭靶，有時候甚至會把箭隨機射向空中，且萬分痛苦。

在尋找理由的過程中，當認為遺族在與逝者的關係中未能充分發揮作用時，就會產生罪惡感，例如身為父母、兄弟姐妹、配偶、朋友或子女，為什麼自己不知道逝者的痛苦，不能成為逝者吐露痛苦的對象，這種罪惡感就像海嘯，讓遺族陷入「如果這樣的話會怎樣？」的無限假設，在假設的世界裡，無論朝哪個方向走，終點都是逝者的死亡，但即便如此，還是要走到無法再走為止才能停下來。

遺族如何接受和處理罪惡感，在哀悼過程也會發生很多變化。雖然不容易，但他們必須學習接受在阻止逝者選擇死亡這件事上，身邊人的嘗試和努力都是有限的。我常提到艾爾．艾佛瑞茲在《野蠻的上帝：自殺的人文研究（The Savage God: A Study of Suicide）》一書中所描述的自殺：「首先，當有人決心要結束自己的生命時，他就已經完全被說服，進入了堅不可摧的封閉世界，在那裡，所有的細節都吻合，所有事物也都加強了他的決定，這樣的死亡往往包含著自己的內在邏輯和無可比擬的絕望。」

遺族也會說：「這只是為了讓我好過一點而做的合理化。」如果自己這樣做，就可以阻止逝者走向死亡，他們相信自己是能左右逝者人生的重要之人，或者希望自己能這樣相信。

「隨著時間流逝，對妹妹的罪惡感逐漸模糊，然後又再次對妹妹感到抱歉。」現在終於擺脫妹妹死後所感受到的「如果我這樣應該可以阻止吧」這份罪惡感的小瑄這麼說。

・・・

小瑄

對妹妹來說，除了我，她也與許多人有著各種關係，因此我無論說什麼或做什麼，實際上都很難為妹妹帶來很絕對或非常巨大的影響，這個想法讓我稍微改變了思考。

小媛　我也覺得這句話說得很對，我也認為除了我，還有其他可能會對弟弟產生影響的人，理解和接受這件事真的很重要。我覺得罪惡感也有以自我為中心的一面，該怎麼說呢？我常會想說自己可能會對弟弟的死產生很大的影響，但事實上如果回到那個瞬間，我又真的能改變什麼嗎？

・・・

最痛苦、悲傷的莫過於與因自殺失去年幼子女，為罪惡感而掙扎的父母了，當他們全身所散發出的苦痛填滿整個諮商室時，有時甚至會感到窒息。有一位諮商者來了一段很長的時間後，對我說：「如果第一次見面時，你對我說『不是你的錯』，我可能就不會繼續來了。」

有些心理專家會輕率地安慰遺族：「自殺是那個人的選擇，不是你的錯。」但遺族卻能輕易找出自己的錯誤來予以反駁，甚至能找到很多錯誤。我和那位諮商者談了很久，講到他認為自己對孩子的死造成推波助瀾的話語和行為，以及罪惡感，但那些當時認為最好的決定，現在回想起來都不是最好的抉擇。

罪惡感的根源與部分「後見之明偏誤（hindsight bias）」有很大的關係。這是指發生某件事後，才做為什麼發生這件事的說明（hindsight），會比在發生事情前先預測到更容易。這種後見之明會將偶發的事件，解釋成必然會發生。尤其是發生預想不到的不良結果時，更會自然而然地出現，讓當事者感到內疚，把自己知道的事和結果發生後才知道的事合在一起，也會讓他們變得混亂。

那麼，遺族的罪惡感什麼時候才能消失？或者，真的會消失嗎？

遺族的罪惡感會隨著哀悼過程的進行幾次變化，從因為自己做了什麼或沒做什麼而導致逝者自殺的罪惡感，接著是覺得自己沒成為對逝者而言夠好的人的罪惡感，然後是想著「如果那樣的話會怎樣？」的罪惡感，再來是認為逝者死前幾個月或幾年前，自己犯下了某個錯導致悲劇發生的罪惡感，而後是逝者死了、自己卻還活著的罪惡感，沒好好哀悼逝者的罪惡感，在失去逝者後卻有著正向的心情或積極活動時的罪惡感等。

這些罪惡感一直不斷上升、下降、變淡，接著可能又變得清晰。然而隨著時間流逝，遺族可能會創造出一個自己能夠接受的逝者死亡的故事，此外，當能夠接受死亡不是逝者的盡頭，而是想起逝者整個人生的記憶時，那份罪惡感就會越來越淡。當遺族不放棄對自己的憐憫，順利走過這個過程後，罪惡感就會變成悲傷與歉意。

讓遺族體驗完整的悲傷，並不是指讓他們回到正軌或回到與逝者還在一起時，是幫助他們承認逝者的死亡，讓他們就算看著那個空缺，也還能感受到生活是一件有意義且快樂的事。

第四次聚會結束時

當被問及自殺者遺族的哀悼過程，是否與非自殺而因其他因素死亡而失去某人的別離者之哀悼過程不同時，我說這兩者之間明顯不同，但問我有什麼不同，若只能讓我選一個，我會說是「罪惡感」。

因白血病失去子女的父母所說的「我們的孩子真的很想活下去」，與因自殺而失去子女的父母間，有一條無法共享哀悼經驗的界線。因為交通事故突然失去伴侶的人，雖然會為這種突發的不幸傷心，但他們並不會感受到被拋棄而憤怒。在說「自己結束了生命」的時候，雖然這個「自己」表示逝者本身選擇死亡的意圖，留下來的人卻會覺得造成那個「自己」的是自己，因而感到內疚。

即使曾經面對同樣的自殺經歷，遺族間也有看不見的差異。如果有足以令人相信與自殺有直接關聯的精神疾病病史或高額負債，就會被視為有理由那麼做的情況，而缺乏這些特點線索的遺族會非常羨慕。

「他不是一直都在接受精神科治療嗎？但我的親人沒有憂鬱症的問題」或「當然也有其他原因，但他不是有巨大債務嗎？我的親人沒有」……這些話在聚會和哀悼諮商中時常聽到。應該是羨慕那些人手中握著一個理由，這個理由有助於承認逝者的死，也能給人一種自己對逝者死亡的責任被免除的感覺。

剛開始進行哀悼諮商時，我曾搜尋過外國對自殺者遺族的先行研究，雖然那些研究肯定地表示，沒有明確證據能夠證明自殺者遺族會比因其他原因失去親友的遺族，感受到更強烈的罪惡感或責任感，但我在諮商室與聚會上見到的韓國自殺者遺族並非如此。難道這是我國特有的「集體主義文化」嗎？

在集體主義文化中，比起認為個人行動的理由是那個人的某種特性或選擇的結果，人們更傾向於從關係脈絡或個人所屬集團的影響中來尋找理由，加上自殺者遺族更傾向於將逝者的自殺歸因於自己努力不夠或能力不足等內在因素，在對逝者死亡的這件事上過分誇大自己的影響力，從而陷入罪惡感。

在我們實施國家級的自殺預防政策時，儘管打著「預防自殺是所有人的責任」，拚命努力地防止自殺，實際上真的發生自殺事件時，就會成為自己或家人的事。若我們的社會能對一個人的自殺分擔一些責任的話，那麼壓在自殺者遺族心上的罪惡感，也許就能稍微減輕一點了吧。

第 5 個哀悼之夜

記住他的幸福、煩惱與熱情

懷抱再相見的信念

聚會開始前，小晶開朗的說她夢見了姐姐。姐姐在看起來很不錯的新家為小晶做了她最喜歡的鮮蝦料理，讓小晶感到很幸福，姐姐也看起來很自在，這個夢就像是裝滿了小晶現在一切的希望。

自殺是為了結束這裡的痛苦，也許對逝者而言，他們是為了生存而選擇死亡，即使遺族已經能夠理解逝者的死，有時仍會好奇逝者是否已經得到了他們想要的平靜。

有時遺族這種急切的心情，會讓逝者入夢，若逝者在夢中以自在的模樣出現，那麼即使這只是自己創造的夢境，也能稍感安慰。有些人會找算命師或巫師，期望透過他們替逝者說出「我沒事，我在這裡很好，你也好好生活吧」才能安心。遺族相信，雖然逝者的肉體已經消失，但仍會在某個地方存在，當自己的人生結束之時，將會與對方再次相見，這樣的信念常成為遺族能夠重拾生活的巨大力量。

我是從小就受洗的天主教徒，長大成人後卻與信仰相去甚遠，也沒什麼靈性，無法感受到宇宙萬物與我相連的感覺，也沒什麼自我超越的能力。而心理學是以科學的方式研究人類心靈和行為的學問，我從大學開始到現在，接受了數十年的心理學訓練，加上天生反骨，對任何事都無法不經驗證就相信，但在與這些經歷某人死亡、受過無法解釋的創傷的人見面後，我似乎開始明白了人為什麼需要宗教。如果人類是長生不老的存在，也許就不會那麼需要宗教了。

小敏的母親在兒子過世後變得比以前更執著於信仰；小媛的家人也在弟弟走後，有好一段時間，每天清晨都去參加彌撒，父母還會抄寫聖經來度過這段痛苦的時間；小晶是虔誠的佛教徒，她用佛教儀式送走姐姐，且為姐姐在另一個世界的平安虔誠的祈禱。

經歷親人的自殺，有些具有信仰的人會對信仰以及神抱持懷疑的態度，這也時常成為哀悼諮商的重要主題。我認為每一個宗教都包含著送走死者、記住死者以及安慰留下的人的教義，令人遺憾的是，即使情況已漸有好轉，但韓國社會的宗教仍然沒有正確理解「自殺」這種死亡方式和遺族的立場。

在夢裡見到姐姐後心情變好的小晶，以及小媛、小敏、小瑛、小瑄，似乎漸漸對彼此產生了親近感，一起說笑的時間越來越多了，有時甚至會脫離主題，開始聊起這個年紀的人關注的話題。我很喜歡聽到她們的笑聲穿透到屋外。就這樣，變得更親近的我們，開始了第五次的聚會。

各自的哀悼1：子女走後，父母與留下來的孩子

經歷創傷性的告別，留下來的人的人際關係通常會發生巨變，有人會陪在他們身邊，也會有人離去，即使他們可能會迫切希望某些人能夠留下，卻不一定能如願。有時候，遺族會因為難以忍受人際關係變得尷尬，而先孤立自己。根據面對死亡事件的反應，會對於原本認為很重要的人感到失望，卻從意想不到的人身上得到安慰和支持，從而建立起新的關係。遺族應該要承認這個變化，並且學習適應它。

事實上，遺族在經歷離別後會失去感覺，直到這股強烈風暴逐漸平息，才能漸漸意識到自己以外的人。有時遺族會希望能夠維持只有逝者消失、其他所有關係都像是逝者還在時一樣，但這只是不切實際的幻想。如果一味想維持逝者還在時的關係，那麼許多人都必須犧牲自己的哀悼。很多遺族嘴上說「沒有任何人能代替他」，心裡卻會希望能有某個人來代替逝者，或直接由自己來扮演逝者的角色，就

像逝者的位置不曾空缺似的繼續生活。

兄弟自殺的一位諮商者與父母展開了某種抗爭，還陷入自卑，因為他認為無論自己做什麼，都無法讓父母感到高興或滿足，雖然會自嘲：「我怎麼贏得過死人呢？」但其實他仍努力想填補逝者的空缺，然而父母的反應卻一再讓他失望，使得他轉而埋怨父母為何只思念死去的子女，質疑父母為什麼完全不在意自己。

有子女自殺的父母雖然希望留下的子女能幸福地生活，仍不自覺地把先走一步的孩子的影子，重疊在留下來的孩子身上，因而倍感痛苦。心想著如果我對死去的孩子能像對現在還活著的孩子一樣，是不是會有所不同，而產生無限懊悔。甚至感覺活著的孩子好像搶走了逝者的運氣，又忍不住對自己這種荒謬的想法產生厭惡。這些情緒都會折磨著父母，即使子女已經感受到父母那些微妙而複雜的感情，實際上父母卻不知道，孩子們是如何敏銳地觀察自己的一舉一動。

有位母親長期飽受憂鬱症和酒精中毒所苦，多次自殘並曾試圖自殺。由於他們家境貧困，為了照顧沒有經濟能力的兒子，母親的健康也逐漸惡化。她其實還有一個女兒，且在弟弟去世後，女兒大老遠跑來關心母親的健康，還親自帶母親來諮商。但在諮商過程中，母親卻一直吶喊「我想兒子，我要跟兒子走」，甚至說出：

「如果女兒能代替兒子走，我就不會這麼痛苦了。」埋怨女兒之後，又感到害怕與內疚。這樣反覆一段時間後，女兒也累了，因為無論弟弟活著還是死了，母親的心都只向著弟弟，她覺得很委屈。最後她的憤怒終於爆發，大吼：「那個沒出息的兒子有什麼好想念的？妳眼裡都沒有我嗎？妳總是這樣！」媽媽看著這樣的女兒，卻更加想念兒子了。

・・・

小媛

我媽有一段時間什麼事都不做，在家一動也不動，我真的很怕媽媽會死。我們家的窗簾是遮光的，差不多有一年時間，遮光窗簾永遠都是拉上的，連通風都不行。每天一進家門就像走進漆黑的山洞。

直到某一天，客廳的門被打開，窗簾拉開了，當我回到家，感覺到有風、有空氣在流動，那天對我來說真是一個值得紀念的日子。在那之前的事我全都不記得了，活得就像個死人。其實對於弟弟的死，我對爸媽也有很多埋怨，但看到爸爸把弟弟的照片都印出來，才明白我低估了爸爸的悲傷，其實爸爸和我都很擔心媽媽，每天戰戰兢兢地，怕她會出事。後來接受諮商時，我才明白父母也有無可奈何的痛苦，不過最重要的是要照顧自己，我把自己照顧好，才能夠看見爸爸的哀悼，也能理解媽媽的痛苦了。

・・・

家庭成員自殺後，很多人雖然自己沒事，卻擔心其他家庭成員，因此替他們申請諮商，且大部分都是擔心父母的女兒。通常我一定會先和女兒聊一聊。因為與逝者的關係只有當事人自己知道，每個人都有自己的痛苦，誰都無法替代你，作為遺族，每個人都有哀悼的權利。

各自的哀悼2：丈夫走後，媳婦與婆家的關係

在心理解剖與哀悼諮商時，最常見到失去配偶的妻子。她們最常感到痛苦的是與婆家的關係，無論是否有子女都會產生各種問題。有些仍希望繼續盡到媳婦的職責，卻常在生活中看不慣公婆。像是埋怨：「他們的孩子都走了，節慶的祭祀有那麼重要嗎？」或是：「公婆居然還那麼關心自己的健康，吃各種好東西，還去做健康檢查。」最後難以再維持下去，只能宣告放棄。也有的媳婦雖然並不情願，但為了孩子，仍想繼續與婆家維持過往關係，畢竟公婆仍是孩子的祖父母，不是我不高興就可以斷絕往來的。但當看到公婆對待孫子的態度改變，又難以接受。

然而從公婆的立場來看，孫子確實是兒子的血脈，媳婦很難想像，公婆在兒子去世後，面對媳婦的心情會非常複雜。儘管心裡也想體諒失去丈夫的媳婦要獨自撫養孩子會很累，可是自己死去的兒子似乎更委屈，導致會對媳婦的一言一行都很反

感。在這種情況下，不如直接告訴媳婦自己的心境，可惜大多數人都不會明說，只會用微妙的態度和行動讓對方感受到。媳婦也會埋怨：「要是沒遇到你兒子，我也不會遇到這種事。」或指責公婆：「就是你們把他生成這樣的。」

認為雙方還可以像以前一樣維持關係，是一種不合理的信任，必須先諒解各自對逝者死亡的理解方式，重新適應這個已經改變的關係。例如在關係中，應該放棄什麼樣的期待，或是在已經改變的關係中，能夠期待的是什麼？

有時遺族認為就算自己會受傷，還是有必要勉強維持關係。有一位有同樣經歷的遺族說：「我花了一年去理解失去父親的孩子，花了兩年理解失去兒子的公婆，花了三年理解失去弟弟的小姑，花了四年理解失去女婿的娘家父母，花了五年理解丈夫的朋友。」她覺得只有自己一個人孤零零地陷入殘酷的惡夢中，在徹底理解那個惡夢究竟是什麼樣子之前，她很難去體諒別人的立場。

逝者過世後，一切關係必須重組，沒辦法按照以前的情況繼續發展，要承認並適應這份改變。曾經重要的關係可能變得不再重要，當然有時承認這種改變帶來的失落，可能會如同逝者的離去一樣重大。至少還能充滿希望的是，也可能出現從未想像過、嶄新又有意義的關係，有時這種關係，才是遺族真正想要的。

完整記住逝者的意義

哀悼是為了好好記住逝者，但對遺族來說，記憶就像一把雙面刃，儘管回憶很痛苦，還是覺得應該記住對方。

「我丈夫每天都會聽我說話，也非常疼孩子，他是一個想為這個世界帶來良善影響、溫暖的人，我絕對無法原諒那些把這樣的丈夫逼上絕境的人。」這位妻子的丈夫因自殺離去已經八年了，她把丈夫描述成三十年婚姻中從未讓她失望，善良又完美的人。在接下來的諮商中也繼續出現類似的敘述，如果她說的都是真的，那麼甚至可以假定，逝者應該是位聖人或者天使。

「我養育在這孩子時，從來沒讓我操心，活潑開朗又貼心。原本個性那麼溫暖，我到現在還不敢相信。他結婚後就變了，明知道創業有多辛苦，還一直給他壓力，到底是把他折磨成什麼樣子，才讓他做出那種選擇？」一位母親的兒子自殺了，她認為小時候健康開朗的兒子婚後變了。兒子過世後，她根本無法去理解兒子為什麼會這樣，只想找一個可能的加害者，做為埋怨和指責的出口，在那一瞬間，身為「受害者」的逝者成為一個沒有瑕疵、善良的人。

以上都是極其自然的哀悼反應，但若隨著時間流逝，遺族仍想在記憶中把逝者當作一個毫無缺點的好人來記住，那麼他們的哀悼就無法有所進展。

．．．

小敏

媽媽總是只說對哥哥的美好回憶，只說兒子的好話，彷彿這樣就能守護哥哥的名譽。但我聽著聽著，會覺得哥哥並不是像媽媽說的那樣，只有好的一面。當然，哥哥作為媽媽的兒子，和作為我的哥哥可能有所不同。雖然哥哥也有優點，但好像沒有好到那種程度，也不是一直都很誠實。如果問我：「妳還記得逝者是什麼樣的人嗎？」我會不知道該怎麼回答，我不想只把哥哥當成完美的好人，反倒認為若想記住哥哥，就更該仔細了解他，才能真正記住他。

小瑛

爸爸剛去世時，我一直刻意不去想他，只去想一些美好的回憶，因為我太痛苦了。但在這裡常常談論爸爸，就陸續想起了很多事。雖然我知道爸爸照顧媽媽很辛苦，但爸爸對待媽媽的方式也不是都很好，媽媽也受過很多傷害。當我聽著別人的故事，開始重新思考我們家經歷的事，居然開始對爸爸產生了一點厭惡感，所以也有點痛苦。

小瑄

妹妹離開後，我也曾經想要好好包裝妹妹和她的死，說她是個很有藝術天分和創意的孩子，也是很好的妹妹。但隨著時間流逝，看到妹妹其他部分後，我感到很陌生，我發現自己把她美化了，有點脫離本質，這讓我有點驚慌。

後來我想，與其用一句話來定義妹妹是什麼樣的人，不如說妹妹是喜歡這個、喜歡那個的人，然後最後看到她的樣子是很痛苦、很無力又很疲憊。我想把我知道的資訊原封不動地記下來，在腦裡記住，這也讓我想起一些瑣碎的回憶。

小媛

我覺得不能只記住弟弟生病後的日子，就想多說一點他的好，也努力回想他是個什麼樣的人，思考該如何記住和填滿弟弟的人生。

弟弟去世後，有一段時間我很強烈的想要克服一切，讓自己好起來。我那時幾乎是很迫切地思考自己為何要這麼做？以及前方有著什麼樣的界線，只要越過這條線，我就能夠克服了，也是時候了……但到了某個時間點我忽然領悟到，這是需要「克服」的問題嗎？

小晶

我姐在遺書上留下了希望自己如何被記住的文字，她認為自己是個開朗快樂的人，希望大家能記住這一點，因此我也努力按照姐姐的期望去記住她。

・・・

拉丁語裡有句話說：「談到逝者時，若不是要說他的好話，那不如別說（Demortuis nihil nisi bonum.）。」我能理解這句話的意思是，逝者無法為自己辯護，因此不要去責怪他們，但這句話後來被曲解為要把逝者當成一個神聖的存在，並畫出一條界線，讓大家不能說逝者的不是。

逝者不能開口說話，只有活下來的人才能訴說關於他的事，這讓遺族擁有了對逝者記憶的「編輯權」，按照自己想要記住的或自己能夠承受的，重新編排逝者的人生。因此，逝者可以依照遺族的意願，成為一輩子都活得很美麗的優秀之人，或被編造成世上最壞的人，但用這些浮誇的讚美或過度的指責來記住逝者的人生，並不是一種健康的哀悼方式。

有一位年輕人在父親自殺三年後來諮商，父親去世時他還是個青少年，他覺得父親並不壞，母親卻指責丈夫是「為了自己的痛快而拋家棄子的壞人」。年輕人在諮商時說，因為不想聽到母親每次一提起父親就像噴火一樣地埋怨，所以從來沒和家人談起過父親，他是為了好好記住父親才來諮商的。後來他談到父親作為丈夫、上班族以及作為兒子這些角色的事。雖然他一直認為父親是個好爸爸，但他知道自己曾因為父親而受到傷害，也想起了母親為父親奉獻了一切與愛。

如果想要好好記住逝者，需要在不必看任何人臉色的安全環境下，從各種角度來看待逝者的人生，也需要一個重新評價這段關係的機會。自己選擇性忘記的地方，也許正是最痛苦的記憶，但為了以健康的方式哀悼逝者，這也是我們必須去接受的。

被剝奪的哀悼

有些人儘管因為逝者自殺而面臨喪失經驗，卻因為與逝者的關係「又不是親人，為什麼要那麼難過」，而無法表露出內心的悲傷，彷彿感受和表達悲傷需要一種標準和資格似的，通常都是親近的朋友、同事、同性伴侶或很喜歡的名人粉絲等，他們即使不是逝者法定的家人，卻也會遭受心理衝擊，成為需要哀悼的關係。這些人比想像得還多，他們的悲傷也該得到安慰和支持，以及擁有充分的時間來哀悼，但韓國社會一直不願面對這樣的關係，使得這種關係的遺族本身也認為感到悲傷的自己「不正常」，強迫自己省略哀悼過程或逃避這種情緒，這被稱為「被剝奪的哀悼（Disenfranchised Grief）」。

有些參加自助聚會的遺族，與逝者的關係其實是戀人，儘管他們比任何人都深愛逝者，卻無法輕易戴上象徵失去配偶的紅色手鍊，而會選擇代表失去朋友的橘色手鍊。後來在引導人勸說下，才更換了手鍊顏色，其他聚會成員會安慰他們失去逝者的痛苦，為他們沒能充分哀悼對方給予支持。

失去多年同居伴侶的人，在逝者的葬禮中不能對任何事表達意見。家屬在短時間內快速處理完事情，也完全不考慮逝者意願地把遺物都處理掉，家人都不願承認這位伴侶的存在。伴侶好不容易才能夠參加葬禮，卻聽到逝者家人告誡「不要太超過」，甚至說：「只是一個朋友走了，幹麼這麼難過？」被剝奪哀悼的人的哀悼過程，會比那些沒有被剝奪的人更加艱辛。

被剝奪哀悼經驗的遺族更需要專業的哀悼諮商。他們可能知道逝者的家人不知道的某個真相、訊息、祕密，或與逝者有特別的關係，對逝者的感情和家人一樣強烈，但包括逝者家人在內的所有人都全然不知，甚至不想知道。又或者遺族對於祕密帶有一股責任感，或是知道是哪個家庭成員對逝者的自殺造成了影響，並對此感到憤怒。在這種情況下，看著表現出悲傷和哀悼的家庭成員，他們會想：「如果你也知道我知道的事，你就不會那麼悲傷了。」埋怨著逝者的家人，而無法專注於自己的哀悼感情。

有的情況則是逝者的家人不承認逝者和遺族的關係，或指責逝者的死與他們有關，因而阻止他們參加葬禮或相關活動，這些遺族通常很難獨自走過哀悼的浪潮。

我有一段時間反覆聽著SHINee唱ＩＵ的〈致名字〉這首歌，最後一句歌詞：「在無數次失去的那寒冷又殘酷的日子裡，我知道那安靜地被遺忘的你的名字，我不會停下來，會呼喊好幾次，即使遠得難以置信也還是走吧，朝這個清晨結束的地方去。」總是讓我哽咽。SHINee唱出的那個名字的訃告出現時，無論是不是他的粉絲，都有很多人因為他的離去感到痛苦。

有幾位諮商者也談到了這位歌手的離開，不知為何使他們很沮喪，有時也會問我，自己明明不是他的忠實粉絲，但他去世之後，卻會去研究他最後的行蹤，這樣的自己是不是有點奇怪？其實我也一樣，我去找了他最後上的廣播直播節目來看，並且在看到他被公開的遺書後產生了好奇，並仔細閱讀了遺書中的每一個句子。我一面看著他參與的各種綜藝節目，一面思考他到底是從什麼時候開始想到死亡的？

身為專家，看到其他專家任意地分析他的遺書，我甚至還陷入憤怒與厭惡的情緒，但我既不是他的家人，也不是熟人，更也不是粉絲，居然也受到他的死亡的影響。名人的自殺不僅會影響當事人的粉絲，也會讓整個社會陷入空虛與憂鬱。小晶的姐姐在離開前，詳細了解了一位因自殺而死的女演員，手機裡甚至還有關於她的死亡的搜尋紀錄。

知名政治人物去世時，諮商室接到了一通電話，曾和那位政治人物一起工作過的他說，因為政治人物去世，讓他突然想起以前遭遇別人自殺的經驗，覺得很痛苦，不過他之後反覆地預約又取消，最後還是沒有來。

雖然私下沒有很深的交情，但名人的自殺消息會擴散出去影響許多人，很多研究都顯示，轟動社會的死亡消息會在兩個月後，導致自殺率上升。名人的死亡不僅會影響粉絲，也會促使那些想過自殺或覺得生活痛苦的人，看見「自殺」成為一種選擇。

因此，我們應該更加誠心地哀悼。其實死亡很公平，對每個人來說都只有一次，因此沒有人曾經經歷過死亡，大家只能以各自的方式來解釋死亡，但在解釋的過程中，經常會加上不知是逝者還是自己的描述，名人的自殺似乎更是如此。

SHINee在結束漫長的沉寂後重新回歸舞臺，他們的回歸之所以令人欣喜，是因為他們展現了即使帶著傷痛和悲傷，也能繼續幸福的生活，並且表明自己的幸福並不是因為忘記或抹去了逝者。他們不僅為SHINee的粉絲，也為無數自殺者遺族帶來了希望與安慰。

人生的意義與價值的變化

經歷過創傷性別離的人，生命經歷分為在某個人的死亡前和死亡後，可以用B.C.（before the crisis）和A.D.（after the death of someone you love）來表現。B.C.和A.D.之間那條界線改變了很多事，且在遺族的人生中難以抹去。

我們在成長過程中創造出對自己、世界與生活的各種想法和價值觀，會想去做那些對自己而言重要、有意義、該去做的事。但經歷痛苦的人生事件之人，隨著自己的想法被顛覆，看待人生的眼光也完全改變，甚至經歷了思考「存在」的危機，而這些危機對遺族的打擊越是強烈，就會越接近他們。

「我為了家人日以繼夜、拚命工作，但在經歷這些之後，我忽然覺得一切都沒有用。」一直忙於事業的一位父親說：「孩子去世後，我覺得自己的一切都被否定了。」現在的他除了呼吸，什麼都不想做，重新創造生活的價值和意義，成為他重要的哀悼任務。

「我該怎麼好好活呢？」這個問題出現的次數僅次於「這種痛苦什麼時候才會結束？」

丈夫去世後，妻子必須為「我為什麼要活下去」而奮鬥，她覺得自己就像一個用積木精心築起的房子，突然有人一腳把它踢得粉碎，但積木的說明書已經不見了，她不知道要從哪裡開始重新組合。她踩到破裂的碎片被割傷，感到疼痛，也想要全部清理乾淨。因此，努力不逃避這個彷彿變成廢墟的生活，可能就是她的第一個哀悼過程。

她要回顧自己失去了什麼，經歷並表現對於失去的完整悲傷。例如，告別當初組積木的快樂、那時蓋完房子開始玩樂的經驗。接著，重新開始組回積木，可能大門和窗戶會在與以前不同的方向，也會有些什麼在破碎之前，直接搬了進來，讓新房子能重新站穩腳跟。後來我又遇見了她，當時我以積木的比喻問她，她說現在好像剛蓋完地基，雖然想到丈夫還是很傷心，但是當孩子發生開心的事，她會在心裡對沒在一起的丈夫說：「你看，為什麼不一起做這些開心的事就先走了呢？你應該覺得很委屈吧？」看到她的心情已經自在多了，我也很高興。

‧‧‧

小敏

哥哥死後，我的直覺告訴自己，生活不可能和以前一樣了，而且不只是我，還有我們全家。生活重心完全變成以家庭和家人為主，瑣碎的小事也變得珍貴。哥哥去世前我非常獨立，喜歡一個人做很多事，也都是自己做決定，但現在對於那種「守護珍貴的人」的想法變得非常強烈。爸爸和我差不多，現在爸爸常對我們說「一起吃飯吧」、「常常見面吧」、「多聊聊天吧」這樣的話。

小瑄

我也覺得家人的關係比妹妹過世前更親密了，而且我個人對於情感的態度好像也完全變了。妹妹死之前，我只覺得要保持積極才是最好的，無法理解憂鬱的情緒，也會想盡辦法改變憂鬱的狀態。後來才了解所有的情感都是自然的，就像天氣會有變化，每個人也都不一樣，我似乎產生了不要追究情感的對錯，而是原原本本地面對情感的想法。

・・・

經歷心愛的人自殺後，有些人會明確領悟到自己活著的理由，雖然因為失去某人而痛苦，但留下的人不會死，並且可以創造人生的意義，持續成長。這樣的選擇不僅是恢復到別離之前的適應能力，也帶來了全然不同的質變，我們將這樣的變化稱為「創傷後成長（Post traumatic Growth）」。

創傷後成長可以透過許多方式出現，有些人認為生活是有限的，所以專注於當下，並在選擇自己想要的東西上變得更加自由。有些人會找到新生活的目標並投入其中，也有人會把精力集中在重要的人身上，也有人會把它當作解決其他自己逃避的問題之契機。

在聚會開始時，小媛說：「我的人生到目前為止，好像從來沒有如此平靜過。」小媛是我見過最用力哀悼的人，她也曾像是處在要把一切都燒毀的強烈情緒中，瀕臨崩潰。現在的小媛看起來非常平和，我看著小媛一路走來，所以很清楚創傷後成長不會那麼輕易到來，正因如此，哀悼才會被稱為一種「激烈的勞動」。

第五次聚會結束時

我們每天都要面對痛苦和失去，若要期待不受影響，就像期待入水卻不會濕透一樣不現實。如果我們假裝什麼都沒失去，或用其他東西填補空缺，還要求經歷失去的人都必須這樣做，是沒有道理的。因為在這個世界上，沒有什麼存在是可替代的。

這次聚會，我們回憶了逝者，死亡只是我們所知世界的終結，雖然逝者的時間到此結束，但只要遺族的時間繼續往前進，那麼與逝者的關係就不會結束。我們與曾經愛過、討厭過的人經歷了痛苦與美好，並且透過這些經驗學習到了人生。遺族繼續創造新的故事，就會產生新的生活意義，如果從這個角度來看，那麼哀悼也許不是恢復，而是一種不斷發現的過程。

「我們透過悲嘆，把自己慢慢挖出來，就像一顆大石頭被風吹走那樣，當我們充分放下以前的自己，在空曠的地方重新成長，那麼我們終會發現渴望的盡頭，以及在最後擁有為自己而開啟的房間。」——羅伯特．奈米爾（Robert A. Neimeyer）[3]

3 《結構主義心理治療》（*Constructivist Psychotherapy: Distinctive Features*）作者，哀悼諮商專家，此為他在悼念對自己產生巨大影響的心理學家時寫的詩。

第 6 個哀悼之夜

讓我的人生與逝者連結在一起

我們都有想說的話

過了春節，我們又聚在一起，今天是最後一次聚會。過去五次聚會，我們談到與逝者別離後常會經歷的事，以及在哀悼過程中一定要思考的主題。在共同經驗帶來的安全感和信賴感中，我們放下會被批判的恐懼，分享想法和心情，明白了雖然彼此都有同樣的經歷，細節卻略有不同，也都有各自想要創造的故事。

如果說哀悼是一段無止境的旅程，那我們的聚會就是這段哀悼旅程中，在休息處短暫相見的「小聚會」。在聚會之後，有人可能會改變旅程的方向，或將某個一定要去的新地點納入計畫，有人可能會在孤獨的旅程中遇到心意相通的人，得以短暫休息，有人可能得到了繫上鞋帶、重新出發的勇氣，當然也有人會先花一段好好整理、回顧這段旅程。

幾年前，我去參加美國預防自殺的步行大會，參加者都是自殺者遺族或身心健康相關從業人員。參加者在小信封上寫上逝者的名字或資訊，然後在信封上作畫，活動現場滿滿的小信封像骨牌一樣被豎起來。接著有人登上講臺，拿起麥克風談到逝者，有人擁抱啜泣的參加者，也有人向其他參加者提問關於逝者的問題。就這樣，死去的人復活了。在湖邊轉了一圈之後，參加者把小信封放到水上，不知道是因為天氣格外晴朗，還是因為參加者散發出慶典般的熱鬧氛圍，那一瞬間我感到很溫暖，那次經歷也成為我決心成立自殺者遺族心靈健康團體的契機。

我其實不喜歡任何紀念儀式，舉凡入學、畢業典禮、成年禮、婚禮和葬禮，在人生重要路口上的儀式都只是形式，我覺得很麻煩，從來沒有懷著喜悅的心情參與過那些儀式。但隨著與遺族見面，增加了思考關於「失去」這個話題的時間，我的想法也產生了改變，那些我曾經認為不必要的儀式，都是為了讓他們好好記住逝者，離開這裡。

最後一次聚會，我們決定舉行一個簡單的追悼儀式，互相介紹我們失去的那個人。雖然只有五位參與者，但包含他們送走的五個人，這個活動可以算是十個人一起進行的。這六次聚會，我們大多都在談論逝者死亡前後那段時間，但現在我們將要各自分飛了，因此我們決定一起進行這個記住逝者人生的儀式。

看著遺物，記住他的人生

小敏把哥哥遺物中的玩偶放在一個巨大的購物袋裡帶來，這也是小敏放在公司的玩偶。當有人問起，她會回答這是哥哥的遺物，有時她也把玩偶當成靠墊使用，也會抱著它睡覺。哥哥去世一週後，全家一起整理了哥哥的遺物，家人把能用的東西留下，其他都打算扔掉時，小敏拿了哥哥的幾個玩偶，媽媽則留下哥哥最穩重、開朗時穿的一套西裝。看著媽媽拿走誰都無法再穿上的那套西裝，小敏感受到媽媽想要記住哥哥最好的部分的心。

我們摸了一下小敏的玩偶，正如小敏所說，觸感很柔軟。小敏把玩偶的衣服翻過來，讓玩偶有了新形象。小敏覺得哥哥看起來最單純幸福的時候，是收藏自己喜歡的各種角色時，我們一起聊了哥哥收藏的角色，以及哥哥當時多痴迷，那是哥哥的幸福時光。

小瑛帶來爸爸最常穿的一件舊絨布夾克和一疊照片，這是爸爸工作時最常穿的衣服，因為洗了太多次，連拉鍊都磨損了。這件衣服最能讓她想起爸爸。雖然現在衣服上爸爸的味道已經消失了，但看到衣服就會想起爸爸身上的香皂味。接著小瑛拿出幾十張照片，包含爸爸的證件照、爸媽戀愛時的照片、小瑛小時候去家族旅行拍的照片，以及爸媽為弟弟和自己小時候拍的照片等。

我們一邊看照片，一邊詢問小瑛關於爸媽的事，以及照片捕捉到的那些瞬間，一起分享了照片中流露的情感以及感想。小瑛想起年輕時的爸爸表情很像個淘氣鬼，以及自己被爸爸稱為「寶貝」、倍受寵愛，小瑛看起來非常開心。雖然小瑛只努力記住爸爸的好，但上次聚會她曾說，她對死前感到疲憊的爸爸，以及爸爸對媽媽的態度有了新的觀點，經歷了一段艱難的時間。我希望像現在這樣，分享關於爸爸和家人故事的時光，以後能成為小瑛創造爸爸記憶時有用且珍貴的碎片。

小瑄帶來妹妹的照片和妹妹親手製作的項鍊。妹妹和小瑄長得很像，年輕又漂亮。小瑄常和妹妹的朋友見面，有時還會聽到一些她不知道的事。妹妹的朋友在小瑄身上看到與妹妹相似的笑容和語氣，從而記住了逝者；小瑄則是看著他們，想起妹妹。妹妹的朋友向小瑄展示自己戴著的生鏽飾品，說是妹妹製作的，讓小瑄內心充滿感激。因妹妹而創造的新關係到現在已經持續了五年，現在他們成為了小瑄的朋友。

小媛帶來她送給弟弟的書《尼采的話》（弗里德里希・尼采著），這本書並不是為了讓弟弟得到某種特別的幫助而買的。失去弟弟後，她在弟弟的房間裡發現這本書上貼滿了記號，才知道弟弟看得很認真。弟弟去世後，小媛有一段時間只讀了弟弟的日記，其中也寫到這本書的內容，還抱怨般地寫道，以前自己能夠背完一本書，現在什麼都背不起來了。

弟弟在必須忍耐某些事時就會背誦名言，有點像是一種自我虐待。小媛猜測弟弟在去世之前，可能已經處在連背誦名言都辦不到的程度了。小媛想到讀著這本書卻無法背起來的弟弟，心中承受多大的痛苦，感到非常心痛。書中只有一個地方被弟弟用螢光筆畫起來，標題是〈人總有一天會死〉：「死是既定的事，因此要活得開朗一點，總有一天會結束的，所以要竭盡全力去對抗，並且因為時間有限，所以機會總是只有當下。」弟弟特地用螢光筆在「總有一天會結束的，所以要竭盡全力去對抗」這裡畫上了記號，透過弟弟標記的句子，小媛理解了弟弟的生活，弟弟也曾有過為自己的人生盡最大努力來對抗的瞬間，而她在那一瞬間，想起弟弟生活中那些閃耀的回憶。弟弟在《尼采的話》這本書中強調的那段話，為小媛帶來莫大的安慰。

因為小晶即將復職，忙得沒辦法參加最後一次聚會。她本來想帶一張和姐姐去美國旅遊的照片，那是她和姐姐一起相處過最長的時光。我們沒能見到小晶的姐姐，實在很遺憾。

不過小晶在第三次聚會時帶了姐姐的小筆記本。小時候，小晶和姐姐因為父親時常轉學，小筆記本是姐姐和朋友的交換日記，裡面不只有朋友寫給姐姐最後的問候，還有朋友未來的夢想、喜歡的歌等。聚會開始前，我們看著這個小筆記本，一起聊了那個年代的歌曲，輕鬆地談笑，正如小晶常說的，姐姐是一位珍惜他人、充滿溫暖的人。

我把小媛送給弟弟的書、小瑛父親常穿的衣服和家族旅行的照片、小瑄妹妹製作的飾品以及小敏最喜歡的玩偶放在一起拍照。那些離開的人也隨著這些東西來到這裡，和我們在一起。我們互相介紹那位離開的人，邀請他再次停留我們身邊，這就是「重新記憶（re-membering）」，哀悼就是一種重新記憶的過程。就像死亡是生命的一部分，逝者永遠會活在生者生命的某個縫隙中，不需要刻意抹去。

哀悼寫作：爲他，也爲自己而寫

各種研究都顯示，對於包含自殺、死亡在內的所有創傷經歷，嘗試表達性寫作或日記，皆對身心恢復有顯著的治療效果。在開始與小媛進行個人諮商時，我送了她一本印有紅色佩斯利花紋的小日記本，小媛用弟弟和父母與自己的故事，瞬間就填滿了這本日記。在諮商過程中，我常和小媛一起讀日記、交談。剛開始寫哀悼日記時，我看到小媛日記本上的字體，就能感覺到小媛無法跟上爆發的想法和感情而掙扎，但只有自己走過那段時光，才能將自己的悲傷昇華。

在寫日記的同時寫信給逝者，也是有助恢復與逝者連結的方法。遺族可以寫信給逝者，也可以從逝者那裡收到信，這種鼓勵與逝者對話的方法，對於恢復與逝者的關係非常有用。由遺族寫信給逝者（然後再從逝者那裡收到信）、允許哀悼者與逝者進行想像的對話、在諮商室裡進行古典的「空椅子對話」也屬於這個範疇。

由遺族想像自己是逝者，寫出給自己的信，再由另一位參與者朗讀。站在逝者立場上寫給自己的信，其實就是自己最懇切的期望，希望逝者能夠這麼做。曾有位遺族問我：「最後寫的還是我自己想聽的，這樣有什麼意義？」但現在逝者已經什麼話都沒辦法對我們說了，我們只能對自己的願望賦予意義，並這樣相信著。即使這個哀悼過程是人為的，但確實能夠為遺族帶來某種程度的安慰。

小瑄代替小媛的弟弟讀信：

小媛姐姐，

妳過得好嗎？要說叫妳不要想我是騙人的，我希望妳能常常想起我。我希望妳不要記住別人對我不好的地方，只要記住我愛的、還有我希望能夠愛我的那些人就好。

雖然妳可能認為我很不懂事，但對我而言，這也是能夠整理和發現自己的時間，妳很清楚，我很容易不安和害羞，也在我的日記中發現這些文字，並對這件事很在意。如果在我死之前被發現會怎麼樣呢？我們的關係會像現在這樣嗎？能夠互相理解嗎？還是只能以這樣的面貌去了解那些彼此永遠不想看到的東西呢？

我對妳生氣、罵了妳之後憤而退出家庭群組那天，我偷偷把通訊帳號隱藏了的那天，我很清楚自己說的話並沒有讓妳受傷。但我不能讓妳和我一樣痛苦，所以心情就變得更加激動，如果我們能更心疼彼此就好了。

我想妳應該過得很好，但我希望妳能過得更好，也希望妳能好好記住我。

小瑛代替小瑄的妹妹讀信：

小瑄姐姐，

嗨，是我，好久不見。我們有時候會在夢裡見面，或是在墓園裡，或是在家中的照片裡，我們一直都在一起。我離開這個世界時，沒有考慮到家人會變成什麼樣子，因為那時光是想到自己的人生就已經夠累了。

謝謝妳愛我、記住我。爸爸、媽媽、姐姐、弟弟還有我的朋友，我希望大家能夠健康幸福地活下去。

小敏代替小瑛的爸爸讀信：

小瑛，

我是爸爸。先離開了這個世界很抱歉，也很擔心妳。雖然爸爸先走了，但希望就算爸爸不在妳身邊，妳也能堅強地活下去。要好好照顧媽媽，和弟弟也好好相處。我相信就像以前一樣，妳以後還是會做得很好。

小媛代替小敏的哥哥讀信：

小敏，

妳過得好嗎？我過得很好，辛苦妳了。「我覺得妳好像比我堅強」，我這句話似乎沒說錯，很抱歉在離開前幾天，還在通訊軟體上說妳的髮型是三十年來最難看，不過那句話我是認真的，比起鬈鬈的頭髮，妳現在這樣好看多了。

對不起，我比自己想像中還要早離開這個世界，妳要好好照顧爸媽，好好生活。

互相讀完信之後，我們分享了各自的心情。小瑄說，要想像著妹妹的心意寫信給自己很困難，本來想寫「姐姐，我不後悔」這句話，又懷疑妹妹真的這樣覺得嗎？說不定妹妹其實後悔這麼快就結束了生命，卻沒辦法寫出那樣的話；小媛也同意小瑄的話，她說不知道自己可不可以寫「姐姐，我過得很好」這句話。

小敏與前面兩位的心境不同，她毫不遲疑地寫出了「我過得很好」，因為小敏相信有天國，並且對於哥哥在那裡會過得很好從未感到懷疑，才能毫不猶豫地寫出來。小敏在寫信時，發現哥哥的語氣很自然地就流露出來了，令她非常驚訝。小敏原以為自己和哥哥很不相同，也不太了解哥哥，現在才發現彼此的相似之處，也感受到對哥哥熟悉的部分。

小瑛一拿到信紙就流下了眼淚，花了一段時間才寫好，而為小瑛讀信的小敏在喊出「小瑛」的瞬間，她又哭了。雖然信沒有寫得很長，但小瑛在寫信時就感受到，爸爸真的對小瑛感到抱歉，而且比任何人都希望小瑛能過得好。

遺族在剛與逝者告別寫下的文字，幾乎都是關於痛苦和不幸的，但透過持續寫作，能慢慢看清自己的痛苦，並逐漸了解其意義。能夠幫助遺族哀悼的治療性寫作，與投入瞬間的感情、獨自書寫的哀悼日記不同，在為遺族治療而撰寫文章時，就像在做哀悼諮商一樣，要引導遺族寫出必須思考的特定主題，例如當天的事、葬禮，以及如何理解逝者的死亡、去世後變化的是什麼等等，這與我們在六次聚會中彼此分享的主題沒有太大不同。

雖然一個人進行治療性寫作也可以，但如果有人能一起分享那篇文章會更好，像是在讀完自己的文章提問的人，就是能夠接受我當時的心情的人。悲傷是一種連結的感情，在失去那個人的位置上，遺族應該再次與對方牢牢連結在一起。

六次聚會結束後，我們……

小敏

我很高興自己在這一個半月來，和大家見面時常會哭出來。我不知道自己之前為什麼要努力忍住不哭，聚會時也讓我想到家人，尤其是爸爸，所以很開心。我時常思考哥哥的死，卻從來沒想過爸爸的哀悼，也許是因為從大家那裡聽到許多關於家人的事，受到很大的刺激，讓我領悟到雖然都是與逝者別離，但每個人克服的方式不一樣。

小瑛

聚會開始前，我心情很平靜，但聚會開始後，從未有過的感情開始起伏不定。可能是因為聽大家分享，想起不願記住的爸爸的樣子，流了很多淚。但現在比較自在了。我想承認爸爸有這樣的一面，也有那樣的一面，想到什麼就記住，不要逃避。當然也不是完全不痛苦，但總比逃避好。就像之前說過的，除了這裡我也沒有其他地方可以談論爸爸了。光是這一點就已經很不錯了，而且聽別人的分享，對我來說也有很大的幫助。

小瑄

雖然每個星期見面談妹妹的事，在情感上確實非常吃力，可能是又重新喚起了已經模糊的記憶和感情，讓我感到沉重又疲憊。但有一次聚會結束後，我忽然覺得好多了，覺得能用與以前不同的方式記住妹妹和談起她感覺也很好。這只有對經歷過的人才能描述，如果是和沒有這種經驗的人分享，應該很難說得很具體，因此我覺得自己的哀悼範圍變得寬廣起來。

小媛

在開始這個聚會的時候，是我人生中最和平也最充實的一段時間，所以才能更投入到這個聚會中，感覺做了一件有意義的事。我理解到家人和弟弟的關係，大家都有屬於自己的回憶，也稍微減輕了對自我的厭惡，現在心情輕鬆多了。

最近我在寫日記時，第一次寫下了「幸福」這個詞，其實我本來很討厭自己，但我現在決定開始愛自己，這個變化對我來說有非常重大的意義。一開始加入這個聚會時，我也擔心太集中地談起逝者，會把我不知道的東西又堆積到自己身上，結果卻比想像中更深入地進行了思緒的整理，而且每次都會發現大家不同的一面也很有趣，我覺得很棒。

小敏

這個聚會讓我領悟到，我的想法也不一定對。我一直思考哥哥死亡的原因，當然，哥哥的性格和小時候經歷的傷害都有影響，但我還是執著地認為過勞就是直接原因，一直被那個念頭束縛住。這個聚會讓我開始思考，哥哥的人生中應該有很多我不知道的過程，即使我再努力也不會知道。關於哥哥的死，就算不急急忙忙地找到一個答案也沒關係，這也是聚會後的不同，我好像放下了我一定要做些什麼的決心。

・・・

小瑛告訴朋友，她在這裡得到嘗試談起爸爸的勇氣；小瑄去報名了瑜伽課，她認為比起看書、寫作這些思考，更想用身體感受，多體驗一下自己的情感；小敏發現自己一直把理解和哀悼哥哥的死亡，當作一種制定好的計畫，很強迫的在面對，現在她想要放鬆一點，讓自己慢下來，開始去關注其他家人；小媛享受著與三年前完全不同的自己，她說「我現在很幸福」。

我很少會聽到自殺者遺族說出「我現在很幸福」這句話，就算是長期接受諮商或已經告別逝者超過十年的人，可能會說「還不錯」、「我沒事」、「覺得很感激」，但也不會使用「幸福」這個詞。但就算失去所愛的人，我們也還是能夠幸福，當然會想著如果那個人還在會更好，但也可以盡情享受這個當下經歷的喜悅，並因此感到幸福。

我希望小晶、小媛、小敏、小瑄和小瑛都能幸福，也盼望我們的聚會能成為讓他們幸福的契機。

什麼時候需要專業幫助？

我們會在生活中以面紗遮住死亡，直到死亡奪走我們心愛的人，才會徹底意識到生與死之間，有個隨時能夠打開的大門。告別逝者會令遺族悲傷，也會因為後悔和罪惡感而煩惱，開始自問：「什麼是人生？」這種從未思考過的哲學問題，這些都是很正常的哀悼。

當然，根據遺族與逝者生前的關係，或根據遺族的心理、情緒情況以及如何面對別離，情況會有所不同。但大部分遺族在經過一定時間的痛苦與混亂，逐漸接受「失去」的事實後，就會回到自己的生活。能夠回到自己的生活並不代表哀悼就結束了，只是哀悼的強烈程度逐漸減輕，讓遺族能夠繼續他們的日常，這是哀悼的自然療癒過程。因此，並不是所有遺族都需要接受專業的哀悼治療，只要有充分的時間和休息，以及身邊人的安慰與支持就夠了。

但在某些情況下，隨著死亡後強烈哀悼反應的持續，遺族維持日常生活的功能出現問題，這種狀態被稱為複雜性哀悼（complicated grief）、病理哀悼（pathologic grief）、非正常哀悼（abnormal grief）、非典型哀悼（atypical grief）、持續哀悼（prolonged grief）、創傷性哀悼（traumatic grief）等。無論用語為何，最重要的是對於表現出這種哀悼狀態的遺族來說，有必要以「失去」為焦點進行專業治療。

處於複雜性哀悼狀態的遺族，會不斷對逝者產生急切的想法和強烈的悲痛感，死亡場面也會反覆且清晰地浮現，使得他們開始逃避或執著於「失去」，因此帶來的痛苦開始對職業、健康、社會功能造成相當大的損傷（可參考附錄三：複合哀悼障礙）。

無論是否處於複雜的哀悼狀態，我們可能會沒有花費足夠時間進行哀悼，甚至不清楚什麼是哀悼，但與一般的別離不同，自殺這種創傷性別離經驗很有可能是心理上所發生的情緒性事故。如同遭遇重大交通事故時，需要為了恢復正常功能而接受康復治療，同樣可借助專家之手一起度過這段時間。如果有以下症狀時，一定要尋求專家協助，因為越是陷入這種情況，越難獨自克服：

1. 用以減輕痛苦的藥量增加。
2. 不斷陷入絕望、憂鬱，自殺衝動增加。
3. 反覆想起、不斷逃避或聯想到逝者的死，或不斷否定逝者的死。
4. 難以維持日常生活功能。

哀悼諮商的核心是無論遺族感受到多麼深重的情緒痛苦，都要迅速解決，讓他們的痛苦最小化，避免他們產生逃避心態，幫助他們停留在現存的情緒上。但遺族無法透過哀悼諮商來消除經歷的痛苦，也不可能透過諮商獲得逝者為什麼會死亡的答案，或解決在逝者死亡前的所有問題。但如果是需要有人能陪伴自己，透過失去來描述自己是誰，以及什麼讓自己最痛苦，並讓自己能夠重新適應改變後的生活，一起分享發現生命意義的苦惱，這就是哀悼諮商能夠做到的事。

我見過許多自殺者遺族，認為哀悼者最終要達到的是原諒自己和逝者，其實談論「寬恕」需要很小心，因為有些遺族似乎認為絕對無法原諒自己沒能守護所愛的人，他們認為以這件事對自己進行殘酷的處罰，才是記住逝者正確的方法。倘若認為只有透過痛苦才能與逝者產生連結，那這可能並不是哀悼逝者，只是對自己的憐憫。

記憶是去回顧那個離開之人的時間，但比起因為失去某人，就要讓自己的人生停留在痛苦中，選擇寬恕其實更需要勇氣。寬恕是選擇不再保存對自己和逝者的憤怒，停止怨恨和自責，接受這無可奈何的事實。因此，首先應該坦然面對死亡的痛苦，當然要完全走完整個過程會非常艱辛，一個人更是如此，所以我們需要彼此。

從逝者人生盡頭開始的故事應該超越死亡，擴大到逝者整體的生活，但若想要達到這樣的境界，就需要更多努力。有人把「自殺者遺族」也稱為「自殺倖存者」，但所謂「倖存者」並不是指僥倖活下來的人，而是克服痛苦、重新愛上自己人生的人。

最後我想分享下面的一些建議，這是摘錄自兒子自殺後，為自殺者遺族設立團體的伊里斯．波頓（Iris M. Bolton）書中的一段話，這二十五項建議都非常重要，衷心希望我們都能超越生存，一起幸福地度過今天。

為自殺倖存者提供的建議

1. 你可以活下來，就算你覺得沒辦法，你還是能夠做到。

2. 請為「為什麼」發生那件事而爭論，直到不再需要知道理由為止，或者即使有部分的答案也已經感到滿意了為止。
3. 你可能會有一段因強烈的情緒而痛苦的時間，但要記得你感受到的一切情緒都是正常的。
4. 憤怒、罪惡感、混亂及健忘都是很自然的反應，你沒有瘋，而是在哀悼。
5. 請記住你對逝者、對世界、對神還有對自己感到憤怒這件事，並且可以將這種情緒表現出來。
6. 你會因為做過或沒能做到某件事而感到內疚，但罪惡感可以透過寬恕轉變為後悔。
7. 「想自殺」這種念頭是常有的事，但並不代表你該付諸行動。
8. 讓自己慢慢度過每一個瞬間以及每一天的生活吧。
9. 如果想說話時，請找一個人來聽你說。
10. 不要怕自己會哭，眼淚也是一種治癒的方式。
11. 請給自己一些治癒的時間。
12. 請記住，自殺這個「選擇」不是在於你，誰也無法成為影響他人生命那種絕對且唯一的存在。

13. 在這段過程中你當然會遇到挫折，情感會如潮水湧現，因為你正在經歷悲傷的殘餘物質。。
14. 請先不要做重要的決定。
15. 請允許自己接受專家幫助。
16. 去感覺你的家人和朋友經歷過的痛苦。
17. 對自己和不理解你的人要有耐心。
18. 確立自己的界線，並學習說「不」的方法。
19. 遠離那些說你應該要感受什麼以及如何感受到什麼的人。
20. 請記住，有一個支持你的群體，如果你覺得很難找到，就請專家開始組織一個。
21. 依賴你（對宗教）的信任。
22. 因為悲傷而產生的身體反應是常有的事，例如頭痛、沒胃口及失眠。
23. 和別人一起大笑或把自己當作開玩笑的題材也是一種治癒。
24. 你可以慢慢反覆咀嚼憤怒、罪惡感及其他一切情感，直到你能說出自己的問題，並記住，送走這份情感並不代表忘記逝者。

25. 你要知道自己已經無法回到過去那個模樣了，但是你會生存下來，而且還能超越它。

——摘自伊里斯．波頓，《自殺與之後（Suicide and its Aftermath）》

後記　打開逝者的故事盒，展開一直延遲的哀悼

身為心理治療者，在進行各種諮商時，很多人會問逝者為什麼會死，以及我為什麼是自殺者遺族。雖然只是我的推測，但似乎許多人認為，執行預防自殺或接受自殺者遺族諮商這個領域，如果治療者本身沒有經歷過自殘、試圖自殺或有親人自殺等經歷，就很難做好諮商。看著那些期待我會說出什麼偉大敘事的眼神，有時我會覺得自己是不是應該編點故事，但每次我的回答都很枯燥無味：「我第一次在中央心理解剖中心工作時……」

也不是說有什麼一定要去挽救某個人生命那種特別的使命感，只是抓住偶然的機會認真工作而已，甚至很多人一生中都會經歷一、兩次「想死」的念頭，也從來沒在我腦海出現過，反而還只有希望那些讓我痛苦的人去死的想法。

坦白說，我身為自殺者遺族的經驗只有一生中見過的一、兩次遠親，而且還不

確定他們是不是自殺，甚至從心理衝擊來看，當我聽到自己曾仰慕的演員死亡時，受到的打擊還更大。有些人會問我：「聽到這些事情不會覺得很疲憊嗎？」但我似乎是在聽到提問後，才會想起自己的痛苦。

開車時，如果聽到從遠處傳來的救護車或警笛聲，我心裡會忽然一沉，當救護車後面開著緊急燈光，看到忙著讓道的汽車時，眼眶也會忽然變得濕潤。從遺族那裡聽到的那些情況，竟然在我眼前展現了，那瞬間我與他們變得同心。當我看到一個爸爸兩手牽著兩個女兒，肩上背著孩子的書包，急忙帶她們過馬路的樣子時，眼淚也會在眼眶裡打轉。送走自殺孩子的父母，當時也是那樣撫養孩子長大的，在難以想起的某個時期，我們其實都得到了無微不至的愛，父母也是用自己的方式在愛護孩子，當我想起這些，就會再次湧上難以言喻的情緒。

我知道對於下定決心要死的人來說，所有事物都只會讓他變得更加堅定，這件事讓我很心痛，這就是我所面對的痛苦。在寫這篇文章時，我也感受到了另一種痛苦，本書是我抓著頭髮，花了許多時間才寫出來的。和我一起參加每週聚會，分享自己故事的五位參與者、我見過的遺族以及雖然沒見過面，但即將閱讀這本書的自殺者遺族，似乎都在關注著我吐出的每一句話。因此，我必須不誇大或扭曲他們的經驗與哀悼過程，也不能只展示痛苦，而是要正確地傳達故事，這讓我備感壓力。關於這本書，我想成為一名報導文學作家，而非一名治癒者。

握著遺族的手，流著眼淚說「妳有多辛苦啊」並不難，但我希望說出這句話的人能夠了解遺族的經歷，了解其深度與廣度，再為此流下眼淚。我希望這一段紀錄有助於為遺族身邊的人傳達正確的安慰和共鳴，並祈禱失去心愛之人的遺族能參與本書中的分享，嘗試打開緊緊鎖住的逝者的故事盒，讓逃避或延遲許久的哀悼能夠開始。希望大家不要因為失去的痛苦，而遠離更多東西，若是能夠做到這一點，我想這將成為這段苦惱的寫作時間裡最有意義的回報。

在寫作期間，我們組成「自殺者遺族身邊盛開的花，金盞花」這個團體，本書將成為連結更多遺族的基石。最後我希望參與聚會的小媛、小晶、小敏、小瑄和小瑛，能在我們一起度過的哀悼旅程中留下特別的回憶。如果沒有她們的故事，這本書就不可能會開始，還有與金盞花自助團體一起努力的沈明彬、張潤元；不讓人感到孤獨，一直陪伴大家的同事、臨床心理專家金昭姸老師，其實我想表達的感謝無法用言語表達，但多虧大家，我才展開了行動，謝謝大家。

附錄一　自殺者遺族權利典章

——摘自傑佛瑞・傑克遜（Jeffrey Jackson）

《SOS：自殺倖存者手冊》

- 我有權利擺脫罪惡感。
- 我有權對自殺的死亡不感受到自己應該為此負責。。
- 即使別人很難接受我的感受和情緒，但只要不侵犯他人的權利，我也有權利表達出來。
- 我有權利從權威人士或其他家庭成員那裡得到我問題的回答。
- 我有權利不被別人欺騙，認為可以減輕我的悲傷。
- 我有權利保持希望。
- 我有權利維護自己的和平與尊嚴。
- 無論自殺的人在臨死前或臨死時的情況如何，我有權利都能對他抱以良好的感情。

- 我有權利保持自己獨立的人格，不被判斷為自殺。
- 我有權利尋找能夠幫助我的諮商者和支援小組，讓我能夠去了解並接受自己的情感。
- 我有權利開始新的生活，我有權利活下去。

附錄二　自殺警告訊號分類

——American Psychiatric Association.（二〇一五）
《精神疾病的診斷及統計手冊》第五版

語言

1. 經常會說關於自殺、殺人或死亡的話題。
2. 說自己身體不適。
3. 說貶低自己的話。。
4. 詢問自殺的方法。
5. 說出憧憬死後世界的話。
6. 提起自殺者的故事
7. 在信件、日記或筆記上寫與死亡相關的內容。

行動

8. 睡眠狀態的變化：比平常睡得更多或更少，變得很難入睡，或入睡後也經常翻來覆去以及太早醒來。
9. 飲食狀態的變化：比平常吃得更多或更少，沒有在減肥也沒有生病，體重卻驟然增加或減少。
10. 整理周遭環境。
11. 為自己擬定自殺計畫。
12. 做出與平時不同的異常行為，如危險駕駛等。
13. 注意力不集中，對瑣碎的事難以下決定，導致執行力下降。
14. 對自己的外貌變得漠不關心。
15. 出現自殘行為或濫用藥物。
16. 對與死亡相關的音樂、詩或電影等過度投入。
17. 突然努力改善原本不愉快的人際關係（例即對自己以前做錯的事請求原諒），或整頓人際關係。
18. 把平時非常珍惜的東西送給別人。

情緒

19. 感情狀態的變化：罪惡感、羞恥心、孤獨感，比平時更容易發怒或暴躁，或露出呆滯的神情，產生絕望感與無力感，認為自己毫無價值。

20. 有氣無力、逃避他人、喪失興趣：對平時喜歡的事不再感到享受，或避免與他人產生關係連結。

附錄三　複合哀悼障礙（Persistent Complex Bereavement Disorder）

A. 個人經歷了親密的人之死亡。

B. 在逝者走後，臨床上至少發生一個以上症狀的日子，比沒有發生的日子更多，成人至少症狀持續十二個月以上，兒童則持續六個月以上的症狀：

1. 持續對逝者懷抱渴望、思念。
2. 對死亡產生強烈的悲傷，和情緒上異常痛苦的反應。
3. 對逝者非常執著。
4. 對死亡狀況相關的事物執著。

C. 下列症狀中至少有六項在臨床上處於顯著水準：

對死亡出現痛苦反應

1. 對於接受死亡這件事出現顯著困難。
2. 無法相信逝者死亡或出現情緒麻痺。
3. 無法主動回憶逝者。
4. 對死亡感受到強烈的悲痛或憤怒。
5. 認為自己無法適應關於逝者或死亡這件事。
6. 過度逃避會想起死亡的事情。

社會性、認同感崩潰

7. 希望自己能與逝者在一起而死。
8. 在逝者離世後，很難信任他人。
9. 在逝者離世後，感到自己是孤身一人或從他人身上分離出來的感覺。
10. 感覺沒有對方的人生毫無意義且極度空虛，或者相信沒有對方，自己就無法適應。

11. 對人生中自己所扮演的角色感到混亂，或對自己的認同感減少（例如：感覺自己的一部分和逝者一起死去）。

12. 在逝者離世後，對於追求興趣或為未來訂定計畫感到困難和逃避（例如交友關係、日常活動）。

D. 產生的障礙在社會上、職業上或者其他重要功能領域造成臨床上的明顯痛苦或損傷狀況。

E. 對逝者的哀悼反應不符合文化、宗教或者年齡的期待或者表現過度。

以下情況則需要明確指出：

創傷性的自殺別離情況：因殺人或自殺而與逝者別離，伴隨對死亡的創傷性持續痛苦的執著（經常因對於讓人想起死亡的反應而發生），這種創傷性特質可能包含死者在死前的最後一刻、痛苦與傷害的程度以及致死的惡意性或意圖性。

你走了以後，我想繼續好好活：擁抱逝者，回歸自我人生的六次聚會／高璿圭（고선규）著. 楊筑鈞 譯. -- 初版. – 臺北市：時報文化，2023.2；面；14.8╳21 公分. --（LOVE；047）
譯自：여섯 밤의 애도

ISBN 978-626-353-325-7（平裝）

1.CST: 心理諮商 2.CST: 心理治療 3.CST: 自殺

178.4 111020847

ISBN 978-626-353-325-7
Printed in Taiwan.

LOVE 047

你走了以後，我想繼續好好活：擁抱逝者，回歸自我人生的六次聚會
여섯 밤의 애도

作者 高璿圭｜**譯者** 楊筑鈞｜**主編** 尹蘊雯｜**執行企畫** 吳美瑤｜**封面設計** 張巖｜**編輯總監** 蘇清霖｜**董事長** 趙政岷｜**出版者** 時報文化出版企業股份有限公司 108019臺北市和平西路三段240號3樓 發行專線—(02)2306-6842 讀者服務專線—0800-231-705．(02)2304-7103 讀者服務傳真—(02)2304-6858 郵撥—19344724 時報文化出版公司 信箱—10899臺北華江橋郵局第99信箱 時報悅讀網—www.readingtimes.com.tw 電子郵件信箱—newlife@readingtimes.com.tw 時報出版愛讀者—www.facebook.com/readingtimes.2｜**法律顧問** 理律法律事務所 陳長文律師、李念祖律師｜**印刷** 紘億印刷有限公司｜**初版一刷** 2023年2月17日｜**定價** 新臺幣350 元｜（缺頁或破損的書，請寄回更換）

時報文化出版公司成立於1975年，1999年股票上櫃公開發行，2008年脫離中時集團非屬旺中，以「尊重智慧與創意的文化事業」為信念。